愛される接客

サービスの質を向上させる52のセオリー

HUGE代表取締役社長
新川義弘

はじめに　――モチベーション3.0時代のサービス実現に向かって

つい先日、ある雑誌の記事を見て、僕はぞくぞくするほど興奮した。自分が言葉にできないまま実践してきたことが、明確に言葉になっていたからだ。

その記事は、僕が前から気になっていたアメリカのジャーナリスト、ダニエル・ピンクのベストセラー『DRIVE』をベースに書かれたもので、テーマは「モチベーション3.0」。副題に、〝新しい「やる気」のかたち〟とあった。

記事によると、近代産業化された1945年以降、1990年代までの高度成長期にもてはやされた〈終身雇用〉〈滅私奉公〉〈モーレツ社員〉などの〝忠誠心の時代〟が「モチベーション1.0」。

1989年頃から日本にも導入された米国式の〈実績主義〉〈信賞必罰〉〈コミットメント（責任ある約束）〉などの〝成果主義の時代〟が「モチベーショ

ン2.0」。

そして、今後伸びてくるのが〈互いに成長できる環境〉〈誇りを持てる企業文化〉〈自立性〉〈専門性〉を持たせ得る〝絆の時代〟で、それこそが新しいやる気のかたち、「モチベーション3.0」だという。

ピンクは、今後先進国で求められる多くの仕事において、モチベーション2.0的な成果主義では、人のやる気は引き出せないし、創造性は生まれないと主張する。なぜなら、いわばお金で頬を引っぱたくような成果主義的なやり方だけでは、仕事のワクワク感や、成長できる環境は生まれないからだ。

僕が経営するヒュージは今、完璧とは言えないけれど、迷いなくモチベーション3.0に向かって進んでいるつもりだ。

外食業界では長らく「俺の背中を見て学べ」的な師弟制度が大切にされて

きた。そんな、丁稚奉公が死に物狂いで働いてもなかなか先へ進めない時代や、米国流のマニュアルや効率経営の考え方が導入され外食が産業としてどんどん拡大した時代までがモチベーション1.0。そこに欧米式の成果主義や信賞必罰の考え方が入ってきた時代がモチベーション2.0だ。

僕はフランス料理のアルバイト時代から、グローバルダイニングを経てヒュージを立ち上げるまでに、モチベーション1.0と2.0の両方を見てきた。そして、会社がどんどん拡大する中、チームや次の管理者を育てなければという使命に燃え、その経験からいろいろなことを学び成長させてもらった。

それは僕にとってすごくためになる経験だった。だがいつしか、成果主義や信賞必罰だけで、心の余裕や自主性があってこそ可能な質の高いサービスを果たして生むことができるのか、と疑問を持つようにもなった。僕がヒュージという会社を作るおおもとになったのはその経験だと、今実感している。

今でも忘れられないことがある。前にいた会社で新卒社員を35人ほど採用したが、その年の終わりには3〜4人しか残っていなかったのだ。

当時の僕は入社したばかりの彼らの前でこんなことを言っていた。「君たち入社してくれてありがとう。で、1年以内に店長か料理長を目指せるかな。それを目指せない人は我が社に居場所はありませんのでよろしく！」。

絵が好きな人が画家を志し、サッカーを好きな人がサッカー選手を志すのと同じで、外食業界に入ってくる人の多くにとっては、「人をもてなしたい」「おいしい料理を作りたい」といったことがモチベーションになっているはずだ。

でも僕は、彼らが本当にやりたいことを封じ込め、「いいからその前にマネジメントを覚えて、店の管理ができるようになりなさい。あなた社員なんでしょ？」と頭ごなしに言い、それができない人をこきおろした。その結果、サービスで人を喜ばせたいと思って入社した人たちの顔からは笑顔が消え、挙句の果てみんな辞めていった。

今考えると、僕は大きな間違いを犯したと思う。サービスがしたいという人には、まずはその部分を磨いて伸ばせと言うべきだった。得意な部分を伸ばし、それによってみんなの信頼を勝ち得えれば、店の管理、人の教育といったマネジメントの部分は自然と伸びてくる、ということに早く気付くべきだった。

ヒュージの社是の一つに、「ワクワクしないでどうするの？ ワクワクさせなくてどうするの？」という言葉がある。働く人の創造力・能力を最大限に生かせる場でありたい。出る杭は「打たれる」のではなく「引き伸ばす」環境を作り、尽きることのない創造力を育みたい。そんな思いを込めた言葉だ。

「モチベーション3.0」という言葉を目にしたとき、自分がやろうとしていたことはこれだ！とハッキリした。「あ、そうか。やっぱり成果主義の時代じゃないんだ。働いている人たちの気持ちって、アメとムチじゃダメなんだ」と、頭の中のモヤモヤがスッと晴れた気がした。

僕は、これからは専門職の時代だと思う。会社が成長し続けることを前提に必要とされてきた管理職ではなく、「もっと人をもてなしたい」「もっとおいしい料理を提供したい」など自分のやりたいことが明確で、その分野を極めようとするエキスパートを育てること。つまり、モチベーション3.0に合った環境が作ることが、これからの時代に合ったサービスの実現には不可欠だと思う。

本書は、「日経レストラン」誌上であらゆるサービスについて思うこと、感じたことを綴った連載をまとめたものだ。もちろん、モチベーション3.0という言葉と出合う前のものだが、随所にモチベーション3.0時代におけるこれからのサービスのあり方のヒントが見て取れるはずだ。それがサービスを極めたいと考えている人たちの一助になれば幸いだ。

新川義弘

新川義弘とヒュージ

日経レストラン編集部

ある雨の日の、金曜19時の六本木ヒルズ。不況のあおりか雨のせいか、人影がまばらな中、異様なほど活気に満ちた一角があった。

スパニッシュ・イタリアンと銘打ち、500円均一のタパス（小皿料理）と2500円のワイン・ボトルが売りの「リゴレット バー&グリル」だ。

170坪の店の入り口で緑色に光る巨大なアイランド・バーには、年齢・性別・国籍問わずの立ち飲み客が群がり、不況などどこ吹く風とばかりに従業員と笑みを交わしている。

この店を運営するのが、新川義弘率いるヒュージ。新川といえば、〝接客の神様〟として知る人も少なくないだろう。

グローバルダイニングで副社長を務め、ブッシュ前米大統領と小泉純一郎元首相の居酒屋「権八」での会談の接客を見事に取り仕切った。

その新川が独立して立ち上げたヒュージは、2010年4月現在、「リゴレット」7店舗（吉祥寺、銀座コリドー、新丸ビル、仙台、六本木ヒルズ、中目黒、横浜）と高級レストラン業態「ダズル」（銀座）、和食店「新（あらた）」の計9店舗を抱える。

2009年12月期の売上高は27億4300万円、前年同期比31％増。1店舗当たりの平均年商は3億円を超える。とりわけ、〝リゴレット軍団〟は、冒頭の六本木ヒルズ店のみならず、月商が前年をクリアするのが当たり前な状況で、ときに120％超の売り上げをたたき出す店もある。

「スーパースターはいらない」

店の人気を支えるのは、「いまだに国内であいつ以上の接客ができる奴を見ない。スーパースターだった」（グローバルダイニング長谷川耕造社長）と言わしめる、新川譲りの従業員の接客の質の高さだ。

「水をください」とお客に言われる前に運んでくる。取り皿を替えてほしいと思った瞬間には、もう替えている。お客が要求する絶妙のタイミングでサービスをする。

何よりも興味深いのは、実際にこの質の高いサービスを実現させようと努力するのが、1人の優秀なスターウエイターではなく、明日には辞めるかもしれないアルバイトまでを含めた全員、いわば店全体である点だ。

飲食業界では長らく、「人にお客がつく」と言われてきた。個性的な店長やスターウエイターが主力となって、彼らがお客と親密な関係を築き、気の利く接客をすることでお客を呼ぶことを良しとしてきたのだ。

ところが、自分自身がスターだった新川は断言する。

「うちにスターはいらない」。

よくよく突き詰めれば、本当にお客にとって理想的な店とは、いつでも、どの従業員からでも、質の高いサービスが受けられるものだ。

人ではなく店にお客がつく。

外食はもともと人の入れ替わりが激しい業界だが、これならば客離れが起きる心配もなく、店にとって理想的だ。新川が目指すのはまさにそこだ。

しかし、言うは易し、行うは難し。

ファミリーレストランの没落が証明するように質の安定を目指して接客マニュアルを徹底させてもつまらぬ画一的な店ができるだけだ。

理想の実現のために新川は日々どんなことを考えているのか。どんなサービス哲学が「リゴレット」や「ダズル」の質の高いサービスを支えているのか。

本書は、新川が月刊誌「日経レストラン」に2005年11月号から2010年3月号に連載したコラム「愛される接客」と「日経レストラン」2009年7月号の特集「HUGE 新川義弘の『接客革命』」を加筆・編集したものだ。グローバルダイニング時代、そしてヒュージ立ち上げ後の様々なエピソードや、その一つのひとつに対する新川の解釈・結論から、理想的なサービスの実現には何が必要かを読み取っていただきたい。

文中敬称略

目次

2章

新川流サービス3原則

②アンティシペイション（事前察知）

3章

4章

5章 リーダーになる人が知っておきたいこと

6章

全体のサービスレベルを上げるために

7章

トラブル時こそ真価が問われる

8章

永く愛される店を創るために

9章

特別付録 インタビュー

1章

新川流サービス3原則

①リコグニション（顧客認知）

1 お客様を一個人として強く認識し、深く知る

ホテルのラウンジにて、仕事先の相手と2人で打ち合わせ。自分がコーヒーを、相手が紅茶を頼む。で、注文の品を運んできたウエイターは、恐らくこう言うはずだ。

「コーヒーのお客様はどちらでしょうか?」。

お決まりのこの言葉を聞くと、心底ガッカリする。サービスに携わる者として、この一言を口にするのは本当に恥ずかしい。

たった2人のテーブルなのに、どっちが何を頼んだのかさえ覚えていない。

お客様を単なる〝グループ〟として捉え、その中にいる〝個人〟については全く見ていないから……。

自分も以前は、〝個〟を見ながらの接客なんて無理だと思っていた。その考えを改めさせたのは、米国のホットドッグスタンドで出会った1人のおばちゃんだ。

このおばちゃん、年の頃は60歳前後。ピンクのミニのフリフリの制服を着て、やる気なさそうにテーブルに体を預けている。

初めて店に行ったときは、まず本人とそのユニフォームのギャップに驚いたのだが（笑）、その後、もっと驚くことに。

男5人ほどで全員別々のメニューを頼むと、出来上がった商品を運んできたおばちゃんは、何の確認もせず各人の前に少々雑に商品を置いた。それが、すべてビンゴ！その後もたびたび店を訪れたが、間違いは一度たりともなかった。

お客様を一個人として強く認識し、相手を深く知ろうとする行為をリコグニション（顧客認知、recognition）という。

これは、自分が接客を行う際に最も重要視しているキーワードだ。

好みの味やサービス、お気に入りの話題を分かってくれた上で接してもらえたら、お客様は誰しも心地良く感じるもの。リコグニションは、お客様に愛される接客の大前提でもある。

接客態度は素っ気なくても、あのおばちゃんは、最低限のリコグニションはできていた。自分が米国滞在中に何度もその店を利用したのは、それゆえだ。

「ホットドッグスタンドの60歳のおばちゃんができるんだ。自分たちだって、高価格帯の店でなくたって、絶対にできるはず」。

こう決意して帰国した自分は、当時勤めていた会社で、リコグニションに基づく接客に取り組み始めた。

余談だが、おばちゃんはいつも素っ気ないわけではなかった。帰国直前、いつものように店を訪れてその旨を告げると、ケチャップで「Bye Bye」と書かれ、真ん中に一本の輝く花火が挿されたホットドッグが運ばれてきた……。

今でも忘れられない思い出だ。

2 無愛想な相手でも、まずは「知ろうとする」

「このお客様に〝いとおしい〟って思ってもらいたい」。

接客時の僕の頭の中にあるのは、その強い思いだ。

だから、来店時に仏頂面だったり、こっちからの話しかけに無反応な〝手強い〟お客様が来ると、逆に燃える。そうしたお客様が帰る際に笑顔を浮かべてくれたときは、心の中で、「やった！」とガッツポーズだ。

接客の楽しさは、お客様に愛され、その喜びを自分の中で噛み締められることにある。愛されれば、短い時間の中で、笑顔やねぎらいの言葉を、抱えきれないほどもらえる——。そんな素敵な仕事、ほかにはないでしょう？

以前、自分が店長をしていた店に、常連客だった両親とその小学生の息子が3人で来店した。

ただ、子供は不機嫌そうな顔で、下を向いたまま持ってきたゲーム機をいじっている。親の「何食べる？」の問いかけには、「肉……」とぶっきらぼうに答えるだけ。当然、僕の闘志には火が付いた。

こうしたお客様には初めから馴れ馴れしく話しかけてはダメ。「YES、NO」で答えられる簡単なアプローチから始める。

「肉はよく焼いたほうがいい？」。

「（小さな声で）うん」。

まずはこれでよし。で、頃合を見計らって、彼が興味を持っていそうな話題の見当をつけ、〝探り〟を入れる。

彼のＴシャツとスニーカーは有名スポーツブランドのもので、サッカーか野球をやっているように見受けられた。

「サッカーやってるの？　それとも野球？」。

「（少し明るい声で）サッカー」。

突破口を発見！　その後、サッカーの話を通じて、彼の表情も少しずつ和らいでいった。

料理を提供する直前。

「肉にかけるとおいしいチーズ知ってるんだけど、それかけてみる？」。

「（嬉しそうな顔で）かけてください！」。

あれ？　いつの間にか、言葉が敬語に変わってる（笑）。

食事の後、彼が親にこう尋ねているのを聞いて、僕は心の中で「やった！」

と叫んだ。
「ねぇ、あの人の名前は何ていうの?」。

もちろん、すべてのお客様とこうなれるわけではないし、愛されるには技術も必要だ。その一つが、リコグニション。お客様一人ひとりを熟知しようとすることを意味し、今回の話では、Tシャツとスニーカーに目を留めた点が相当する。

こうしたことは簡単ではないけれど、愛されているという事実を目に見える形で実感できるのが接客の素晴らしさだ。ちなみに彼は、大学生になっても、店に通い続けてくれた。

3 お客様が名乗りたくなるサービスをする

「お客様の名前を聞くとき、どうやっていますか？ 常連客に今さら聞けなくて悩んでいます」と、先日ある人から聞かれた。

確かにリコグニション（顧客認知）って大事だよね。僕も長年それを重視してきたけれど、当初から、「名前は聞くものではない。お客様が名前を言いたくなるようなサービスや環境作りが勝負」と考えていた。

だから僕は、昔から自分の名札をお客様から見えやすく付けるようにしている。名乗らない相手に自分から名前を言う人はいないし、名札が傾いていたり、下を向いていたりすると、お客様から見えにくくて付ける意味がないからだ。表記も「新川」だといろいろな読み方があるので、「義弘」の「ひろ」を取って誰でも読めるよう「ＨＩＲＯ」と書いてきた。

こうすると、「お食事どうでしたか？」と聞いたときに、「旨かったよ。ヒロさんって言うの？　僕、○○。また来るからね」といった返事がもらえる。自分の名前を明示すると、お客様のほうも名前を言いやすくなるわけだ。

もちろん、お客様が満足するサービスをすることが前提だ。

例えば、先日こんなことがあった。歩き疲れて足マッサージをしようと店に入ったら、「ポイントカードをお持ちですか？　お名前は？」と店員さん。「名前を言わないとマッサージしてもらえないんですか？」と聞くと、「名前を聞く規則なんで」……。

マッサージでお客様を満足させた後に、「カードを作りたいんでお名前を」と聞くならともかく、いきなり名前を聞くなんて失礼も甚だしいと思った。

飲食店でも、食事の途中に「お名前をお聞かせください」などと聞いてくる店は多い。

でも、聞くならお客様が店を評価できる状態になってからだと思うし、もっと言うと、聞かなくてもお客様から名乗りたくなるサービスをすることが大事だと思う。

例えば僕なら、ドリンクを飲み干したとき、何も言わないのに店員が気付いて「お代わりをお持ちしましょうか」と言ってくれると、「お、気が利くじゃない」と、そこで初めてその人を信頼する。そして、その人のサービスをまた受けたいから、「○○さんって言うんだね。僕、新川」と名乗る。

結局、大事なのは信頼関係なんだよね。

そう、顧客認知で大事なのは名前ではなく、そこに至る行動なんだ。そこを履き違えて、名前自体が目的になると、押し付けがましいサービスになるから要注意だ。名前を言いたくないお客様もいるわけだしね。

冒頭の問いに戻ると、名前を聞き出せない人には聞いちゃダメ。来るたびに「どうも」と挨拶する人だったら、「どうも」さんでいいんじゃない? 僕の十数年来の顧客にも「どうも」さんはいらっしゃいますよ。

4 初めてのお客様の名前や特徴は口に出して記憶に刻む

前稿に引き続き、リコグニションの話。ここでは、お客様の名前の覚え方について話そう。みなさんは、名刺交換をするとき、どうしていますか?

僕の経験で言えば、相手の名前を確認せずに名刺をしまう人は、次に会ったときも絶対に相手を名前で呼ばない。

先日も、「彼は○○と言います。次からは○○にご連絡を」と財務担当のスタッフを紹介したら、「はい。財務の方に連絡すればいいんですね」と答えた人がいた。

その人が関心を持っているのは財務というポジションであって、頭の中に○○さんという個人はいない。だから思考回路がそこで止まっちゃうんだね。

これは、僕の考えるリコグニションのあり方とは根本的に違う。

僕は名前で紹介されたら名前を呼ぶことが大事だと思う。だから僕はそれができるよう、名刺交換の際は基本的にあることをする。

「○○さんですね。○○さん、どうも！」と、その人の名前を2回口にするのだ。

さらに、その人について気付いたことも失礼のない範囲で口にする。例えば、「ネクタイが素敵ですね」といった具合。自分の記憶のチャネルを増やしておけば、次にその人に会ったときに頭の中で検索が始まり、「○○さん、いつもネクタイが素敵ですね」と言えるわけだ。

名前を2回言うのを習慣にしたのは5年ほど前、タレントの島田紳助さんの話を知人から聞いたのがきっかけだ。

その人の話によると、紳助さんは感動したことがあったら、1時間か1日以内か、正確には忘れてしまったけれど、とにかく聞いて間もないうちに、最低3人に話すのだという。

1人目のときは記憶を辿りながらなので時間がかかるし、内容も支離滅裂。しかし2人目のときは、「○○亭のちゃんぽんが旨くて、特に器がね……」と、半分の時間でディテールを話せる。

そして3人目になると、頭の中に何もなくても自然と言葉が出てくる。そこまでいけば、1年経ってもいつでも「ちゃんぽんと言えば……」と話せるのだそうだ。

それを聞いたとき、自分も時々無意識に同じことをしているのに気付いた。それから、2回名前を言うのを意識して習慣にするようにした。

もちろん、失敗も何度もしたよ。「以前お会いしたこと、あり……ませんでしたよね」って（笑）。

でも、そのときは「○○さんのように素敵なネクタイをしている人がいたものですから」などと言えば、相手は嫌な気分にならないし、何より挑戦することが大事だと思うんだ。

ただ一つ忘れてはならないのは、どんなにリコグニションが完璧でも、お客様の期待通りのものを期待しているタイミングで提供するといった基本ができていないと、０点を付けられるということだ。

何事も基本が肝心ってことだね。

5 名前以上に大切なのはお客様の性格や好みを知ること

以前、Jリーグの名古屋グランパスエイトで活躍した世界的なサッカープレイヤー、ドラガン・ストイコビッチをご存知だろうか？ 前に勤めていた店で、彼に関連して、本当に恥ずかしい失敗をした経験がある。

ある日、グランパスエイトの関係者がグループで来店。以前、ストイコビッチ選手への接客を担当したことがあった自分は、彼がフランス語を喋ることを知っていたので、満面の笑みでこう話しかけた。

「ボンソワール・ムッシュー・ストイコビッチ」。

ところが、〝彼〟は不機嫌そうな表情で自分を見る。そして、一語一語、ゆっくりと区切りながら、わざわざ英語でこう返した。

「アイム・ノット・ストイコビッチ」……。

えええっ？？？　実は、過去数度ストイコビッチ選手にサーブはしたが、彼の顔については記憶が曖昧だった。グランパスエイトの関係者ということで、彼だと思い込んでしまったのだ……。

お客様を一個人として強く認識し、深く知ろうとする行為（リコグニション）の第一歩は、相手を名前で呼ぶことだ。自分もこれまで、「お客様の名前を覚えろ」と、スタッフに対して口を酸っぱくして言ってきた。

ただ、名前はあくまでも、相手に一歩踏み込むためのツールに過ぎない。

より大事なのは、相手の性格、料理やドリンクの好みなどを熟知し、その情報を接客に生かすことだ。

「最初のドリンクはいつも通りの○○でよろしいですか?」。

「この前は△△をお召し上がりでしたが、今日は□□などいかがでしょうか?」。

お客様は、名前を呼ばれるより、このほうが喜ぶはずだ。

名前の分からないお客様は、密かにニックネームを付けて覚えておけばいい。

自分は、そうしながらお客様の嗜好に関するメモを取り、接客に活用してきた。

知人の女性が、優れたサービスで知られるあるレストランを訪れたときの話。

その店では、スタッフがインカムでお客様の名前などの情報をやり取りしながらもてなす。どのスタッフにも「A子さん」と声をかけられ感激する彼女だったが、ある出来事を機に、その興奮も冷めてしまった。

トイレを探す彼女に1人のスタッフが寄ってきたのだが、その瞬間インカムが耳から外れた。で、彼はこう案内した。
「お客様、お手洗いはこちらです」。

名前は〝両刃の剣〟。親しげに呼べば、お客様の期待度も高まるが、リコグニションが伴わなければ、大きな失望を招く。ただ、だからこそ、自分は名前を呼びながらサービスしたい。ときに、ポカもあるけれど(笑)。

6 ファン作りの基本はご近所への挨拶にあり

我が社で展開しているお店で、キャンペーンを実施したときのことだ。各店の店長が指揮してチラシを配り、たくさんのお客様に来店してもらって、自分たちの店の認知度を上げよう、という狙いだった。

ところが、キャンペーンの開始をいよいよ明日に控えた日の朝、ある店長と話をして、僕は愕然としてしまった。

「チラシの配布、順調に行ってる?」。

「はい、近くのマンションにポスティング、あとは駅前で手渡しをしています」。

「お隣さんとか、ご近所にある事務所とか、向こう三軒両隣にご挨拶はしたの?」。

「いいえ、法人営業をかけるのはまた次の段階だと思って……」。

僕は、まずい、と思った。路上での手渡しやマンションへのポスティングは必要な営業ではあるけれども、最優先でやるべきことじゃない。なぜなら、それらの手法では、相手を個人として認識できないだけでなく、自分も、相手に個人として認知してもらえないからだ。

お客様を個人として認識することが「リコグニション」、つまりサービスの基本。さらに言えば、自分もお客様に個人として認識してもらうことがサービスマンには欠かせない。ところが彼らは不特定多数に匿名のままチラシを配ることで満足してしまっている。

第一にすべきは、ご近所のパン屋さんに行って、「こんにちは! 隣の新川です。チケットを置いていくので、今度ぜひおいでください！」と挨拶することだ。それで、パン屋のご主人がふらっと来てくれたら、「あ、ご主人、いらっしゃい！先日お邪魔した新川です」。そこで初めて、個人と個人の関係が築けるし、店のファンになってもらえる。街に根付くことができる。

それができないのは、「自分の店だ」「自分が店の代表、顔なんだ」という意識が足りないからだと思う。もしかしたら、店内はいざ知らず、店の外で個人として認知してもらうことが怖いんじゃないだろうか。しかし、サービスマンとして上を目指すなら、そこを突破しなければダメだ！

とはいえ、やりすぎも考えもの。僕も店を街に根付かせるために顔を広げすぎて、今では歩いていると次々と声をかけられる。サービスマンの性か、一人ひとりと話し込んでしまうので、その後は約束の時間に遅れないようにダッシュ！おかげで、ジムに行く必要がないくらいだ（笑）。

2章

新川流サービス3原則
②アンティシペイション（事前察知）

7 サービスの本質は、お客様の要望をいち早く察知すること

「メインの料理を食べ終わりそうなのに、サービスマンが気付いていない」。この時点で自分は、嫌な予感に襲われる。で、食べ終わった後、待てどもデザートのお伺いには来ない。「やっぱり」……。自分は、その店にはたぶん2度と行かない。

アンティシペイション（事前察知、anticipation）が欠如している店は、〝炒めて作るピラフ〟のようなもの。飲食店の看板が下がっていたとしても〝ニセモノ〟だ。

サービスの本質は、お客様が「こうしてほしい」と思うことを察知し、言われる前にしてさしあげること。

「今日はお子様連れだから、食事を早目に切り上げるだろうな。いつもより早く料理をお出ししなきゃ」。

つまり〝場を読む力〟があるかどうか、お客様に〝気遣い〟ができるかどうか、ということ。だから、サービスマンには〝感受性〟や〝優しさ〟が欠かせない。

僕が東京・世田谷区三宿の「ゼスト」で店長をしていたときに、あるアルバイト学生に出会った。

ロマンチストで繊細で、人のことばっかり考えて損をしていることも多い……。彼はそんなタイプだったけど、お客様が「お薦めの魚料理のことを聞きたいな」と思うと、いつの間にか側にいる。そういう芸当が自然にできる子だった。

店に来てわずか1カ月後、誰がやっても難しかった2階席のリーダーに彼を据えた日は、「すみませーん」とスタッフを呼ぶお客様の声が1度も聞こえなかった！

リコグニションを基礎体力とすると、アンティシペイションは運動神経。持って生まれたDNAに左右される。

ただし、断っておくが、訓練によって伸ばせる能力でもある。だからこそ、スタッフにはいつもこう言っている。

「〝嫌だセンサー〟を常に持ってろ！」。

自分が受けたひどいサービスを反面教師にしろ、ということだ。

人間って、嫌なことでも慣れてしまいがち。しかも、自分が同じことを無意識にやってしまうものなのだ。

「『嫌なサービスだ』って感じたことを、1人5つ挙げてみようぜ」。

以前、スタッフにこう聞いたことがある。結構出てくるものだ。

「従業員が歩きながらテーブルにバコバコ当たってくるんすよ」。

「トイレ、汚いっすよね」。

大切なのは、世間に溢れる〝ニセモノ〟に丸め込まれない感受性。これを養うには、食事をする際に店に向ける目を、意図的に厳しくする癖をつけなければならない。その繰り返しが、アンティシペイションの力を伸ばすのだ。

ただ、お客様が皆、自分みたいにうるさくなったら、ちょっと困るけど(笑)。

8

〝御用聞き〟は真のサービスにあらず

ニューヨークに、自分が理想とするレストランがある。「ゴッサム・バー&グリル」。客単価が80ドル（1ドル95円として約7600円）ほどの、アメリカンキュイジーヌの店だ。

初めてこの店を訪れたのは17年前。たどたどしい英語で、前菜にシーフードのサラダを、メインにロブスターのグリルを注文した。するとと、担当のサービスマンが、「シーフードばかりになるから、メインは肉のほうがいいんじゃないかな。僕ならラムにするよ」と一言。

お客様の仰せにただ素直に従う〝御用聞き〟サービスに慣れていた自分は、驚くと同時に、うれしかった。その提案で、食事がより楽しくなる可能性が広がったと感じたからだ。

彼は、自分の意見を無理強いしたわけではない。〝対等の関係〟で接してくれただけだが、親近感が溢れるその姿勢も心地良かった。

それ以降、自分は、店とお客様が対等の関係で向き合う「フィフティ・フィフティのサービス」を志向してきた。

そのほうが、店もお客様も幸せになれる――との信念の下で。

フロアスタッフがそうしたサービスを提供する上で最も大切なのは、キッチンとのコミュニケーションだ。

フロアスタッフは、キッチンスタッフの料理への思いを、お客様に伝える〝代弁者〟。料理へのこだわりを理解し、それを適切かつ具体的に説明しながらお客様に「お薦め」をできないようでは、「フィフティ・フィフティ」などあり得ない。

対等の関係は、お客様がフロアスタッフを信頼することから始まる。料理についての質問に対して、「すっごくおいしいです！」「最高です！」といった返答だけでは、プロとして失格だ。

そんなスタッフがお客様にあれこれ提案しても、聞き流されるだけ。だから自分も、料理の知識を必死で学んだ。

話は戻るが、「ゴッサム・バー＆グリル」では、もう一つ忘れられない出来事があった。

2003年、妻と4歳の娘を連れて店を訪れたのだが、時差ボケと疲れもあって、娘は不機嫌。「キノコのパスタじゃなきゃ食べない」とゴネていた。

「あるかなぁ?」と思いながらテーブルに着いた我々に、サービスマンはこう言った。

「本日のパスタは『5種類のマッシュルームのタリオリーニ』です」。

こっちのリクエストを伝える前だったので、これは全くの偶然。そして、そう言ったサービスマンは、17年前の彼だった……。

長く勤めるスタッフがいて、長く通うお客がいる。だからこそ、両者の間で偶然の幸運も生まれる。いい店とは、そういうものだ。

9 失敗してもいい。お客様を〝仕切る〟勇気を持て

先日、あるベンチャー経営者と食事をご一緒する機会があった。

うれしいことに、僕が以前、店長をしていた東京・代官山の「タブローズ」が大好きだという。その理由を聞いたとき、僕は「わが意を得たり」と思った。

独立前は外資系金融機関でバリバリのビジネスマンだった彼は、夜も取引先を連れて食事をすることが多く、「タブローズ」をよく使ってくれた。

彼曰く、「ここなら〝仕切り〟を任せられるって思ったから」。

店の扉を開けると、彼は一瞬、スタッフ全員の意識が自分に向いている、

と感じたそうだ。

目を合わせて、「○○さん、ようこそ」「○○さん、こんばんは」と声をかけてくれる。「あ、自分を認知してくれたな」と感じる瞬間、「ふー、今日は全部任せよう」って、肩の力が抜けるんだって。

お客様にこんな風に感じてもらうこと、とても大事だと思う。

「仕切る」と「コントロールする」は全く違う。

場の空気を読み、お客様一人ひとりの意を汲んで、望むことを言われる前にしてさしあげる。そして、その場を心から楽しんでもらう。それが仕切るということだ。

でも、世の中には仕切れないレストランが実に多い。だから、お客様自身が仕切らなきゃいけなくなる。

例えば合コンの席。

隣の女性とじっくり話したいのに、なぜかサービスマンが注文を取りに来てくれないから、つい「すいませーん」。

向かい側の女性のドリンクが空になっているのにサービスマンが気付いてくれないので、仕方なく「お替わりお願いしまーす」。

こんな店には、仕切りを任せようなんてとても思えない。

お客様を仕切り、任せてもらうには、お客様に正面から切り込む勇気が不可欠だ。

「今日は私が、あなた方を仕切って、思いっきり楽しんでもらいますからね!」と、自分を出す勇気が要る。

でも、普通はそんな訓練もしていないし、知識もないし、自分を出すのは怖いよね。うるさいお客様もいるし……。

だけど、そういうお客様ほど「こうしてほしい」という期待を持っている。

だから、それを分かってくれるスタッフや任せられるスタッフを、とても可愛がってくれるものなんだ。


失敗してもいい。チャレンジしている奴はお客様に憎まれない。

実は、僕だって失敗の連続だった。

仕切り過ぎてお客様が引いちゃったり……。それでもめげずに、店内を一周して息を整え、またお客様の前へ……。

いつか、そんな失敗談もまとめようと思う。ものすごく恥ずかしいけれど（笑）。

10 単なる商品説明は無意味。自分の意見を自分の言葉で

ある飲食店向けセミナーで講演をさせていただいた。そのとき、主催者の業務用酒販店の社長が「もう商品力の時代は終わった！」と力説していたのが強烈に印象に残っている。

商品力を磨くことはもちろん大事だ。だが、それにあぐらをかいてしまうと、失うものも大きい。特にサービス力だ。

一生懸命良い酒を揃えたとしても、最終的にお客様に提供するのは店の最前線にいるアルバイトたち。彼らが単なる「運び屋」のままでは、酒の良さもお

客様に全く伝わらない。だから飲食店は「商品力」だけではダメで、その良さをお客様に伝える「商品説明力」が欠かせない。

でも実は、商品説明力だけでも不十分。本当に大切なのは「自分の意見」だと僕は思っている。

お客様の気持ちを動かすのは、商品の特徴を立て板に水のように話す能力じゃない。それよりも、一つでも二つでも、サービスマンが自分の意見を、自分の感じたことを、自分の言葉で伝えることのほうが、よほどお客様の心を打つものなんだ。

「この焼酎、自分も飲んでみましたけど、かすかに栗に似た香りがするんですよ。いや、強い香りじゃなくて、ほんのりとした感じなので、芋焼酎がお好きなら、これもぜひ試してみてください」。

こんなふうに自分の意見を持ってお客様に一歩近付くと、お客様の反応が全く変わることに気付くはずだ。

どうすれば、そんなことができるかって？ 僕の答えはこうだ。

「自分なりの意見を持つためには、感受性を磨くこと。感受性を磨くには、人間に対してもっともっと興味を持つこと。サービスって、人が、人に対してするものなんだから」。

これは僕自身が日々、意識していることでもある。

タクシーに乗っても、区役所の窓口に並んでも、満員電車に揺られても、いつもヒューマンウオッチをしている。

街角で見かける人々のちょっとした親切は、僕らのサービスの手本になる。もちろん、嫌な目に遭うこともあるけど、そういうときは反面教師にすればいい。

実は僕も、この業界に入って間もない頃は、「忙しいんだから、ちょっと待っててよ！」なんて平気でお客様に対して言っていた（今考えると恥ずかしいけど）。そんな僕も、日々、人に関心を持つよう意識することで変わってきたんだ。

イヤホンと携帯電話で自分の世界に閉じこもっている君！　もっと、人に興味を持とうよ。

11 「失礼します」の繰り返しは、本当に失礼

同じ料理でも、提供時の言葉のかけ方一つで、お客様の料理に対する印象は大きく変わる。今日はそのことについて話をしたい。

先日、自分の店で、あるランナー（料理運搬係）の動きを見ていて気になることがあった。彼はどのテーブルに料理を出すときも、「失礼します。お待たせしました、○○です」と同じ文句を同じ調子で繰り返していた。

本来ならワイワイと騒いでいるお客様には元気に話しかけ、ひそひそと話しているお客様に対しては少しトーンを落とすなど、同じセリフでもお客様の様

子に合わせて変えるべきだろう。

料理だって、「熱々ですから、熱いうちに召し上がってください」とか「今日のタコは大ぶりですよ」とか、生きた一言を添えるだけでおいしく感じてもらえる。なのに、彼は機械のように同じ言葉を同じ調子で繰り返すだけだった。

でも、気持ちのこもっていない「失礼します」ほど失礼なものはないし、料理登場というお客様が一番喜ぶ瞬間に、気持ちの入った自然な一言で料理の良さを引き出せないのはもったいないことだ。

あなた自身も、話に夢中になっているとき、黙って出された料理をとりあえず食べたけれど全く印象に残らず、あとで「あれ何だっけ？」となることがあるでしょう。機械的な声がけではそういうことが起きるわけだ。そこで僕は全店にこんなメールを出した。

「『失礼します』と何度も繰り返すのは実は失礼だし、マニュアルのようです。

プラスアルファの一言が必要でしょう。それぞれの店で話し合ってみてください」。同じように感じていた人が多く、久々にたくさん反応が返ってきたよ。

プラスアルファの一言の内容は難しく考える必要はなく、スタッフに食べてもらい、感じたことを言ってもらえばいい。つまみ食いでも試食会形式でもいいから食べさせると、それだけで売り上げは劇的に変わる。

もちろん、先輩が後輩に自分の言い方を教えてもいいし、「このアスパラガスが好評です」とお客様の感想を添えるのでもいい。ともかく「失礼します」「ありがとうございます」といった普段何気なく発している一言の意味を改めて考え、そこで差別化を図ることが今後は重要になると思う。

忘れてほしくないのは、コンビニやファストフードで100円でもおいしいコーヒーが飲めるこのご時世、「失礼します。ホットコーヒーです」的サービスに喜んで400円払う人はもういないということだ。

3章

③オペレーション

新川流サービス3原則

12
お客様の名前を覚える前に まず〝お盆持ち〟を極めよ

僕が2005年9月に独立して初めてプロデュースした直営店が、2006年4月1日、東京・吉祥寺にオープンした「カフェ リゴレット」だ。

プレオープンから大勢のお客様に来ていただき、僕も久しぶりに現場に復帰して、しばらくタフでエキサイティングな日々を送った。やっぱり現場はいい！

しかも、経営者の視点でサービスという仕事を見てみると、今までは気付かなかった、いろいろなことが見えてきた。

その一つが「オペレーションがすべての基礎」ということ。

今、レストラン業界全体がＣＳ（顧客満足）を叫び、サービスの強化を目指している。

僕も、リコグニション（お客様を個人として深く知り、認知すること）やアンティシペイション（お客様の希望を事前に察知し、言われる前にしてさしあげること）の重要性を一生懸命教えてきた。

しかし、経営者として現場に立ったとき、反省すべき点に気付いた。

基礎中の基礎であるオペレーションをしっかり教えてきたか？ということだ。リコグニションもアンティシペイションも、オペレーションという基礎があって初めて成り立つものだからだ。

実は、プレオープン中の「リゴレット」で、そのことを痛切に感じさせられた。

スタッフたちは、「〝新川の店〟なんだから、お客様の名前を真っ先に覚えなきゃ」と、肩に力が入りまくり。

アドレス帳を買い込み、お客様の名前と特徴を懸命に書き込んでいるスタッフもいて、それはそれでうれしいし、間違いではないんだけれども、僕は思わず「おいおい、ちょっと待てよ」と言いたくなった。

僕らサービスマンは一生、〝お盆持ち〟だ。

お皿をきちんと持って、運べてナンボ。

オーダーを間違えず、お客様を待たせることなく料理を提供できてナンボ。

金曜の夜の満席時でも、月曜のガラガラの夜でも変わらずに、生ビールを1分で出すことができてナンボだ。

そういう基礎ができてこそ、心に余裕が生まれる。自然に胸を張り、顔を上げて歩けるようになる。すると、視界が開けてくる。

そこで初めて、リコグニションやアンティシペイションが可能になる。

そんな話を「リゴレット」のスタッフたちにしてあげたら、彼らも安心した
らしい。その日の夕方には、みんなの顔つき、動きが目に見えて良くなっていた。
一番イケテなかったのが僕。睡眠不足も手伝ってか、オーダーは間違えるは、
足はもつれるは……。みんな、面目ない!と反省することしきりだった。

13 忙しいときこそ一人ひとりに丁寧に対応すべし

11月は、レストランにとって1年で一番忙しい時期が始まる月。普段からお客様でいっぱいの店はもちろん、そうでない店でも、予約電話が増えたり、団体客が増えたり……。でもそのわりに人手が足りずにバタバタする。

そんなとき、ちょっと手を休めて自分たちの店を振り返ってほしい。かかってくる電話の一つひとつや、宴会客の一人ひとりに、丁寧な応対ができているか？と。

なぜそんなことを言うかというと、僕自身、それを忘れ、痛い目にあった経験があるからだ。

それは、ある店でマネジャーをしていた頃のこと。当時の僕は、今思えば恥ずかしいくらい自己中心的で、「忙しい時間帯に電話をかけてくるお客様は非常識だ」と思っていた。

だから、スタッフには「12〜14時には電話に出なくてもいい」と言っていたし、僕自身が電話に出るときも、超早口で「はいレストラン〇〇の新川です」と言うなど、嫌なオーラを発散させていた。

相手がゆったりとした口調で「12月〇日なんだけど、空いているかしら」などと話してくると、「この忙しいときに、なぜ電話をかけてくるんだ」とムカムカする。

本当に恥ずかしい話だけど、「今忙しいんで、14時以降に電話していただけますか」と、ガチャンと電話を切ったこともあった。

12月になり、忙しさがピークに達したときも、相変わらず早口で電話に出たり、お客様に「メニューを説明して」と言われても、「テーブルに置いてありますんで、そちらをご覧ください」とぞんざいに応えたりしていた。

その結果、何が起こったかというと、年が明けてからお客様が減り、1月の売り上げが12月の半分になってしまったんだ。

それまでも1月は少し落ちたけれど、半分なんてことはなかった。でも繁忙期のひどい接客のせいで、お客様が店から完全に離れてしまったんだ。

この経験で目が覚めたね。

サービスにおいては、自分がどういう状況であろうと、相手のテンポに合わせ、丁寧さを失わないことがとても大事ということにやっと気付いたんだ。

繁忙期には、そのときの売り上げを得ること以上に、「いい店だな、また来よう」と思ってもらうことが大事なはず。忙しさのあまり、それを忘れる店や人はまだ多い。

僕自身、そうだったからよく分かるけど、人は余裕がなくなるとそうなるんです。

だからこそ、電話担当を決めておく、丁寧な応対を意識付けるなど、この時期には人や心の準備をいつも以上に行うことが必要だ。

僕も今ではすっかり人が変わり、「いいか、どんなに忙しくても、早口で電話に出るのは許さないぞ」と繰り返し言っていますよ（笑）。

14 基礎体力があってこそ自然体のサービスができる

パリに住む友人と、ランチを食べに行ったときのことだ。

「街を歩いて、いろんなレストランをのぞいて、雰囲気が気に入ったお店に入ろう！」。

誰ともなくそう言い出して、目抜き通りを歩き出した。500メートルも歩いたろうか、1軒のビストロが妙に気になった。

店内をのぞくと、カウンターの奥にいた若いサービスマンがこちらとしっかり目を合わせて、ニコッとうなずいてくれた。

たったそれだけで、僕らとの距離感がぐっと縮まった気がしたのを覚えている。言葉を交わしたわけじゃないのに、「パリの街、楽しんでるかい?」っていうメッセージが伝わってきたんだ。

満場一致で、その店でランチを食べることに。

結果は大正解だった。

僕らは片言のフランス語で何とかコミュニケーションを取るんだけど、彼の応対ぶりがとにかく格好いい。

どこがって、肩の力が抜けて、何とも言えず自然な感じなんだ。店のことなら何でも知ってるし、どんな質問にも真摯に答えてくれる。もったいぶったところや気負いは全然ない。

それだけじゃない。驚いたのは、僕らのような一見のお客にも、常連のお客にも、全く同じ態度で接していたことだ。これって、口で言うほど簡単じゃない。僕らは明らかにエトランジェ（異邦人）で、たぶん二度と来店しないお客なんだから……。

僕は20代の頃から米国によく行っていたし、彼らの「レストランはエンタテインメントの場だ」という考え方に共感してきた。お客様に楽しんでもらってナンボ。そのためには、サービスマンは、ある意味で演じなきゃいけないっていうのが米国流。

でも、待てよ。サービスって、どれだけ自然にできるかってことも大切なんじゃないか？ どうすれば、そんな肩の力が抜けたサービスができるんだろう。

一つには、オペレーション力や知識など、とてつもない基礎体力を付けることだ。

「俺に何でも聞いてくれ」。

あのビストロの彼も、そんな自信があるからこそ、いつも自然体でいられるんだろう。あとは、仕事が好きで、プライドを持ってること。そうでなきゃ、あの自然さは出てこない。

自然体でサービスができるって、実はものすごいことなんだ！　パリのビストロは、とても大切なことを教えてくれた。

15 接客のアラを見つけるには リアルなロールプレイ

飲食店が不況の時期最も力を入れるのは「接客の見直し」だという。それを知った人から、「うちでも接客の見直しをしたいのですが、新川さんは自店の接客の課題をどうやって見つけますか」と聞かれた。

僕は基本的に「お客様が嫌だと思うことをなくす」のがサービスの第一歩だと思う。誕生日を祝ったり、名前を覚えたりするのもいいけど、それ以前に提供スピードが遅いとか、心のこもった挨拶をしないなど、基本がなっていないと、お客様はしらけちゃうからね。

そして、自分の店の接客のダメな部分を見つけるのに、大いに役立つのが、ロールプレイだ。

スタッフをお客様役と店員役に分け、店員役が実際の営業中のように接客する。そして、その応対ぶりについて、お客様役に感想を語ってもらうのだ。

このとき、良い点だけでなく、嫌だと思った点を聞くのがポイントだ。

実際のお客様は不満を感じても口に出さない。だから、自分たちがどれだけ顧客目線に立って悪い点を指摘し合えるかが大事なんだ。

もう一つ、店が一番忙しいピークタイムとなるべく同じような状況を作ることも重要だ。料理を運んでいる最中に別のテーブルから呼ばれるなど、忙しくて手が回らないときほどボロは出やすいからだ。

2009年7月にオープンした和食店「新（アラタ）」でも、ロールプレイを開店前に6日間行った。おかげでいろんなアラがあぶり出されたよ。

例えばあるスタッフは、忙しくなると横着する傾向がある。それを入ったばかりのアルバイトの女性にこっぴどく指摘された。

「私はこの店に二度と来たくないと思いました。なぜなら○○さんはオーダーミスをしたにもかかわらず、『それはご注文いただいていません』と、間違いを認めなかったんです。『料理はあとどのくらいで出ますか』と聞いたときも、『聞いてきます』と言ったきり最後まで答えてくれなかったし、飲み物も2回も催促したのに、結局出てきませんでした」。

ほかにも同様の指摘を受けたスタッフが何人かいたので、その一人になぜそんな対応をしたのかとあとで聞いたら、「料理が次々と出てくるタイミングだったので、戻って伝票を確認する時間がもったいなかった」という答えが返ってきた。

どう？ 人間の弱い部分があぶり出されているでしょう？ リアルなロールプレイだからこそ、それができるんだ。

これはたまたま新店オープン時の話だけれど、同じようなことは10年、20年経った店でもできるはず。

いやむしろ、ベテランも新人も入り交じった店こそロールプレイは生きると思う。モジモジしているけど一生懸命な新人のほうが、こなれたベテランより案外好感度が高いなど、いろんな発見があるよ。

語録に見るヒュージの流儀――その①

「EXITはどこだ？」

理想のサービスの実現に向けて、新川が従業員に発する言葉は、具体的で分かりやすい。聞く者を納得させる理由付けもはっきりしている。

例えば、「リゴレット」吉祥寺店店長の日比野友子はワインを冷やすか冷やさないかで、新川からこんな助言を受けた。

「残り3センチくらいになったらテーブルに置いとけと言われたんです」。

残り少なくなったワインを見ると、どうしようかな、冷やさないと悪いかなと思ってしまう。でも、ぬるくなろうが何だろうがいい。むしろ、その残りのワインがなくなったときに「次のワインどうですか」と聞きに来てくれるほうが、お客にとってはよほどスマートな接客だ。「『忙しそうな店員にワインを注いでもらうのを待つより、少しなので置いておきますねと言われるほうがいい』。なるほどと思いました」。

理由が分かれば行動に移すのもスムーズ

新川は自分が話すのではなく、従業員の提案などを聞くときも、話の筋が複雑になってきたり、結論や意味が見えなくなったりすると、「EXIT（出口）はどこだ?」「それは、どんな意味があるの?」と癖のように問いかけ、具体的な理由で分かりやすく答えることを常に求める。

それによって、従業員は今、良かれと思って提案していることに、本当にやる意味があるのか。そうした本質を嫌でも考えることになる。

新川の接客は、「アンティペイション（事前察知）」ありきだ。お客に「すみません」と声をかけられたら負け。そうならないためには、お客のちょっとした目線や仕草、食事のテンポ、一緒に食べている相手などから、想像力をフルに働かせ、そのお客にとって、本当に意味のあるサービスとは何なのか、自ら具体的な解を出せるようにならなければならない。従業員に常に問いかけ、理由を求める新川の習慣は、質の高い接客をするための訓練にもなっている。

「なぜ、そうすべきなのか」。理由が分かれば、行動に移すのもスムーズだ。

2010年の入社が内定し、2009年4月からインターンとして前述の日比野の下で働いていた大学生、山田花子（仮名）には、こんなことがあった。

メニューの内容を覚え切れていなかったことで、日比野から「できないならしゃべるな」と厳しく言い放たれたのだ。お客に対して中途半端な知識のまま話したら、かえって、お客は混乱する。

「ドキッとしました。でも、『感じの良さは抜群なのだから、早く知識入れちゃって。そうじゃないとメインの場所に立たせてあげられないから』とも言ってくれました。だから、厳しいことを言われても大丈夫」。

知識さえ入れれば、フルに活躍できる。それが分かっているため、山田はその後、積極的にメニューを勉強した。

理想の実現は可能か

「接客の質を保ったまま、店舗数を増やすのは無理」「結局、グローバルの真似だ」――。いつでもどんな従業員からも質の高いサービスを受けられる店。その実現を目指す新川の挑戦に対し、外野からはこんな声も聞こえてくる。

しかし、〝接客の神様〟として、理想の実現の難しさを誰よりも分かっているのは、むしろ新川ではないか。だからこそ、新川一人ではなく、たとえ新川がいない場でも全員で指し合う文化を作るように働きかけ、環境を作り、常に具体的な話をする習慣を全員と共有しようとしている。

少なくとも、新川のしていることは、店の真の評価者であるお客から見れば何も間違ってはいない。

ある夜、初めて「リゴレット」に来たというお客はダメ押しのようにこう言った。「さっき、目線があっただけで足りないフォークを持ってきてくれて驚いた。おいしくてサービスのいい店なら、お客にとってどこの真似だとか何だとかは、どうでもいいことですよ」。

お客のニーズが多様化する時代、外食をはじめとする接客サービス業が目指すべき本当のＥＸＩＴはどこか。少なくとも、一つの出口が新川の挑戦からは垣間見える。

（日経レストラン編集部、文中敬称略、数字や肩書きは取材時のもの）

4章

お客様との距離の取り方

16 「自分を出す」前に聞き上手になること

最近の飲食業界全体の傾向として、サービスマンが素直に〝自分〟を出せるようになってきたと思う。お客としていろんな店に行ってみて、自己主張できるスタッフが増えているのを実感する。

「新川さん、この間はどうも！今日はお仕事の関係ですか？」。

「僕のお薦めのメニュー、今日は何と言ってもコレですね。なにしろ……」。

これって本当に良いことだよね。

「サービスマンは、もっとお客様の懐に飛び込め！」と言い続けてきた僕としては、こうした動きは大歓迎だ。ドンドン広げていってほしい。それが、業界の古い体質に風穴を開けるようなことになるかもしれない。

僕自身が、そうだった。東京・代官山のレストラン「タブローズ」では、客単価1万円を超える店なのに、ホテルや高級店出身者を一切採用しなかった。そういう人たちでは、しがらみや既成概念を超えられないと思ったからだ。オープニングスタッフとして採用したのは、元カレー店のアルバイトやしゃぶしゃぶ店の店長など。今思えば、それが「スタッフの個性が出ている良い店だね」という高い評価につながったんだと思う。

ただし、最近の〝自己主張傾向〟については、実はちょっと心配な点もある。サービスマンの自己主張そのものは良いことなんだけど、その前に当然、しておかなければならないことを、おろそかにしていないか？

実は、こんなことがあった。ある居酒屋で、僕が仕事の打ち合わせをしていたときのことだ。

男２人が眉間にしわを寄せて書類を見ているそのとき、女性スタッフが料理をトンとテーブルに置いてニコッと笑い、「新川さん。私、明日、誕生日なんですよ」。

「私、誕生日なんです」。

素直に自分を出して、お客様とのコミュニケーションを図ろうとする姿勢は素晴らしい。しかし、僕らは仕事の打ち合わせ中だ。できれば邪魔をされたくない。

場の雰囲気を察することなく自分を主張するのは、お客様の心にズカズカと土足で踏み込むのと同じだと思いませんか？

サービスマンにとって大事なのは、何よりもまず、お客様の意向を知ること。

つまり「自己主張する前に、聞き上手になる」。見て、聞いて、お客様との距離感を図る。これがサービスの基本だと思う。

店側が50のことを主張するんなら、お客様の意向も50、聞いてあげなきゃ。

それでこそお客様とサービスマンはフィフティ・フィフティになれるんじゃない?

17 慇懃な一言がお客様を遠ざける

2006年6月、僕は毎日、銀座に通っていた。我が社のフラッグシップ店「ダズル」がオープンしたからだ。

準備に約半年。コンセプトを練りに練った。おかげで、オープン間もないというのに、予約がどんどん入っていた。僕の中でも現場感覚が日増しに蘇り、毎日が充実していた。

銀座は、世界でも類を見ない「食の街」だ。世界中の料理が何でも楽しめる。多くの名店、老舗がひしめき、優れた職人たちがしのぎを削っている。こんな街は、なかなか無い。

でも、白状すると、僕はこれまで、銀座に行きつけの店を持てなかった。せいぜい寿司か天ぷら、フランス料理を年に1～2度食べに来る程度。自分のお金で何度でも通いたい、と思う店を見つけられなかったのだ。

東京に25年住んで、飲食の世界に身を置き、面白い店があると聞けばどこへでも行った。

そんな僕だが、銀座には「敷居の高さ」を感じてしまう。別の言い方をすると、「一見のお客様との距離」が遠い店が多いような気がする。

彼らは伝統や格式、プライドが邪魔をして、一見のお客様の懐に飛び込もうとしていないのかもしれない。

例えば、お客様に対する過剰なまでの敬語。「辛口の白ワインはありますか」

と聞かれたら、「今日はブルゴーニュの○○がお薦めですよ」と普通に返せばいいのに、「ドライなタイプの白ワインでございますね？ 本日のワインリストの中では……」などと堅苦しくやってしまう。

その途端に僕は、店との間にバリアーを張られたような気分になる。慇懃無礼というやつだ。それって、自らお客様を遠ざけてるんじゃないの？

確かに、銀座には素晴らしい技術を誇る店がたくさんある。でも、レストランはおいしいものを食べるだけの場所じゃない。

「ロオジエ」の元総料理長、ジャック・ボリーさんのこんな言葉がある。

「……初めてのお客様には10年来の友達のように接し、10年来のお客様にも初めて出会ったときの新鮮さを失わない」。

そう。僕は、そんな店を銀座に作りたいと思った。以前にも増して、その思いが強くなってきた。お客様と対等の立場で向き合い、その上で、気の置けない自然体のサービスを提供する。銀座でもそれを貫くぞ！と決意した。その決意の下に作ったのが「ダズル」だ。

18 「おいしかったよ」は〝黄信号〟

最近、仕事の関係で、地方まで足を伸ばす機会が増えてきた。そんなときに、ふと感じることがある。

「どの街も似たような風景だなあ」。

幹線道路沿いは、右にも左にもナショナルブランドの小売店やレストラン。

確かに、全国チェーンの進出は、その周辺の人々にいろいろな恩恵を与えてくれるけど、その一方で、「これでいいの？」と首をかしげるようなことも起きる。

例えば、長年地元で営業してきた飲食店が、ある日、自分の看板を下ろして全国チェーンのフランチャイズに加盟する。そして、そのチェーンの看板で食べていけなくなると、また次のチェーンに鞍替えする。こんなこと、皆さんの周りにも多くないですか？

偉そうに聞こえるかもしれないが、そういう飲食店オーナーに僕は、「長く店を続けるための努力を、きちんとしていますか？」と言いたい。

お客様が減った理由を、「街がすっかりさびれてしまって」「チェーン店にはかなわないよ」などと、他人のせいにする人が多いけど、本当の理由は、オーナー自身、お客様が何を求めているかを知る努力をしていないからじゃないだろうか。

経営でもサービスでも、一番大事なのは、お客様の声に耳を傾けること。

それも、いわゆる「常連」の耳障りの良い声じゃない。「初めてのお客様」や「苦手なタイプのお客様」「うるさそうなお客様」の声にこそ、耳を傾けるべきだと思う。

スタッフは嫌がるかもしれないが、「お客様に文句を言われて来い！ 怒られて来い」って言ってやれば、気が楽になるはずだ。

ただし、「ご意見がありましたら、なんなりと」ではダメ。

「量はどうでしたか？」「味が濃くなかったですか？」と具体的に聞かないと、10人中9人のお客様は答えてくれない。

「今日の料理はいかがでしたか？」。

「おいしかったよ」。

「ありがとうございました」。

こんな通り一遍の会話で満足していたら、その店は淘汰されて当たり前。お客様の「おいしかったよ」は、お店の評価への〝黄信号〟と考えるべきなんだ。

こんなことを言うと、「偉そうなことを言って、自分はちゃんとできているのか？」と思われるかもしれない。確かに、僕も１００％できてるわけじゃない。でも、たとえ完璧ではなくても、努力を続けていれば、それはきっと、お客様に伝わると信じている。

19 お客様との会話は1分以内にとどめる

先日、知人と家族で旅行をした際、ある焼き肉店に入った。テーブルにつくと、「担当のエミです！」と、若いウエイトレスがあいさつに来てくれた。が、あるときからエミちゃんの姿が見えなくなった。

「ビール遅いな」。

「網も替えてほしい」。

お願いしたいことはいろいろあるが、エミちゃんは姿を見せない。

僕は首を伸ばして探してみた。

すると、エミちゃんは二つ隣のテーブルのお客様と話し込んでいた。その人と彼女は年頃や雰囲気が似て、いかにも気が合いそうだった。

その光景を見て改めて確信したのは、人は放っておくと、話しやすい相手の元に行くということだ。

それは自然なことだけれど、問題は、そのせいで僕らが不満を感じたこと。「ビールは来ないし、網も替えてくれないし、今日はハズしましたね」という知人の言葉を聞いたとき、僕が考えた「1分ルール」はやっぱり正しかったと思った。

1分ルールとは、最初の注文時以外はお客様との会話は1分以内にとどめるという決め事だ。

これを始めたのは東京・三宿にある「ゼスト」での店長時代。

その頃、僕はファン作りのため、アルバイトたちに積極的にお客様と話すよう指示していた。

すると皆、自分が話しやすい人のところに行くようになった。

最初、僕はそれでもいいと思っていた。でも、次第に放ったらかしにされたお客様の不満が目立つようになった。

「すみません」と呼ばれるたびに、担当者に代わって店長の僕が御用聞きに行く。それでも僕は、「あの子は今一生懸命ファンを作っているのだからサポートしなきゃ」と考えていた。

でも、店長になって3年目でそれではダメだと気付いた。

コミュニケーションをとったお客様はまた来てくれるけど、放ったらかしにされたお客は二度と来てくれないからだ。

それに、最初に3分話したお客様は、次は4分話すことを期待するので、それに応えられないことで常連客が不満に思うケースも出始めていた。

そこで、特定のお客様と長い時間話さないこと、話しづらいテーブルにこそ行って一言話すことの2つのルールを決めた。

すると、店が劇的に変わった。

それまでは、趣味や世代が違う人に話しかけても相手は喜んでくれないだろうと皆が思っていた。でも、常連客との会話を短く切り上げた分、今まで行かなかったテーブルに行くようにしたら、お客様からの「すみません」の一言が圧倒的に減った。それに、お客様の層も広がったんだ。

お客様との会話は大事だけど、よほど意識しないと、若者は若者、僕なら若い女性と、行きたい席にだけ行ってしまう(笑)。その弊害をなくすのに1分ルールは効果的だ。

20 心の扉を開けて、お客様の懐に飛び込もう

『ロッキー・ザ・ファイナル』という映画を観た。シルベスター・スタローン主演の傑作『ロッキー』の完結編だ。60歳になって老境に差しかかったロッキーは、イタリア料理店のオーナーという生活に何か物足りないものを感じている。胸の奥底にくすぶっている思いがある。

「もう一度、闘いたい」。

ロッキーは周囲の反対を押し切り、再びボクシングのリングに上がって、現役ヘビー級チャンピオンと闘う――。まあ、こんなストーリーなんだけど、映

画の中でとても印象的なセリフがあったんだ。

何をしても親の七光りのように周囲に見られ、鬱屈した人生を送っているロッキーの息子に、ロッキーが語りかけるシーン。

「What you have inside, let it out!」。

「人生は一度きりなんだから、後悔しないように本当にやりたいことをやれよ」という意味だと思う。そして自分の言葉どおり、リングに上がったロッキーは……。この先は実際に映画を観てほしいんだけど、僕は映画を観た後、「ああ、俺にとってのリングはレストランなんだ」と、しみじみと思った。

ちょうどその頃、「新丸ビル」にオープンしたばかりの「リゴレット ワイン アンド バー」が大盛況で、僕も毎日店に入っていたんだけど、4時間、洗い場で食器を洗っていても楽しくて仕方ないんだ。

自分が心から好きなこと、燃えられることをできるって、本当に幸せなんだなあと思った。そんな思いと同時に、さっきのセリフ、レストランの接客でとても大事なことを言っているのかもしれない、とも感じた。

「What you have inside, let it out!」って、つまり「本音で生きろ、自分の心の扉を開け」ということでもある。

接客する上で一番大切なことは、お客様との距離を縮めること、お客様の懐に飛び込むことだって、僕はいつも言っている。それは、まず自分から心を開き、本音で相手に接しないとできないことだ。自分の心をブロックして、型どおりの接客をしていたら、お客様だって決して心を開いてくれない。

レストランって、どんなにテクノロジーが進歩しても、最後にものを言うのは人対人のアナログのコミュニケーション。そういう産業だ。だからこそ、レストランに働く人たちに声を大にして言いたい。

「What you have inside, let it out!」。

5章

リーダーになる人が知っておきたいこと

21 お客様をもてなすだけがサービスじゃあない

先日、1人の女性が我が社の採用面接にやって来た。面接官はもちろん僕。彼女は飲食のアルバイト経験があり、人をもてなすことが大好きで、笑顔が素敵な子だった。

でも、僕には物足りないことが1つだけあった。サービスという仕事の捉え方だ。

「社員になるって、どういうことだか分かる?」。

そう僕が尋ねたとき、彼女は怪訝(けげん)な表情を見せた。

「人をもてなしたり、お客様と楽しく会話をしたり、そういうサービスだけをしていたいなら、アルバイトでいたほうがいいかもしれない。サービスの仕事って、お客様をもてなすことだけじゃないんだよ」。

僕が言いたかったのは、こういうことだ。

サービスマンが1日8時間働くと仮定して、実際に店舗でお客様の前に立っている時間って、実は3分の1もない。

残りの3分の2は、店の将来のために様々な計画を立てたり、チーム編成で頭を悩ませたり、ムダなコストを削減する工夫をしたり。それら全部がサービスだ、と思う。

本人だけが良いサービスをしたとしても、それはその人の特技でしかない。チームとして高いレベルのサービスを提供できて初めて、本当のサービスと言える。

それにはインキュベーション、つまり人材教育をしなきゃいけない。

スタッフ個々の才能を見極めて、自分の次のスターを育てなきゃいけない。

それはリーダーにしかできない仕事だし、社員に求められるのは、そういう〝広い意味でのサービス〟だ。

そして、人を育てるためには、ときに鬼のように厳しくしなければならない。人を傷つけることもあるし、嫌われることだってある。

僕も独立後に感じたことだが、責任あるリーダーの立場に立つと、体に感じる〝風圧〟が桁違いだ。

彼女にも、「社員になるとアルバイトのときとは風圧が違うよ。その覚悟がある？」ということを伝えたかったのだ。

面接の後、彼女は納得がいったらしく、とても良い顔をしていた。すっかり打ち解けてくれた様子なので、僕は茶目っ気を出して聞いてみた。

「ちなみに僕の名前、覚えてる?」。

「はい、新川さん」。

「ありがとう。ところで、僕って何歳に見えるかな?」。

「52歳。父よりも少しだけ若く見えるから……」。

その瞬間、僕は軽いめまいを覚えた(笑)。

22 リーダーは想いを、アルバイトにも語るべき

あなたの店のアルバイトたちが、「うちの社員さんはさぁ……」などと話しているのを耳にしたことがないだろうか。

もし、彼らが正社員のことを「社員さん」などという呼び方をしていたら、経営者は注意したほうがいい。アルバイトと社員の間に溝があり、それがアルバイトのやる気を下げているかもしれない。

その原因は経営者や店長などのリーダーにある。

飲食業を支える働き手の大半はアルバイトだ。そして、今後ますます彼らに支えてもらうことになる。少子高齢化が進み、人手不足にさらに拍車がかかるからだ。

僕は、これからの最大の課題はアルバイトのモチベーションをいかに上げるか、だと思っている。

ところが経営者や店長の多くは、アルバイトのやる気を削ぐようなことを無意識のうちにしてしまっている。

例えばミーティング。

僕は全国を講演で訪れることがあるが、そのとき、飲食店経営者の皆さんに「ミーティングはどうしていますか?」と質問すると、たいていは「店長と社員で毎週やってます。トップダウンで方針を伝えます」といった返事だ。

どうして、アルバイトを参加させないのだろう?

コスト意識の高まりはいいが、そのためにアルバイトを単なる「短時間の労働力」と見ているのではないか。

「どうせアルバイトだから……」と、社員と分け隔てするその態度が、どれほどアルバイトのモチベーションを下げているか分かっているのだろうか。

やる気の喪失はやがて不平不満に変わり、サービスレベルの低下を招き、最終的にはお客様の満足度を下げてしまう。

僕は、社員にもアルバイトにも同じ情報を開示すべきだと思う。そうして、経営者や店長の想い、店の将来像、売り上げ、コスト……。社員と同じ目線で、店の将来を考えてもらうべきだ。アルバイトの中には、「もっと店のことを知りたい」「もっと店と関わりたい」と思っている人がきっといる！

実は、僕も昔は社員だけでミーティングをし、すべてトップダウンで進めていた。

でも、あるときからアルバイトも全員集めて、情報をすべて開示して、意見を吸い上げるようにしたら、それだけでみんなの雰囲気が変わったのを覚えている。

飲食業は、多くの学生などにとっては「一番簡単で、手っ取り早いバイト仕事」に過ぎないかもしれない。

でも、リーダーのやり方次第、考え方次第で、「面白い」「奥が深い」と感じてくれる人は、意外にたくさんいるのだ。

23 新人スタッフにはまず「この仕事が好きか」を問う

3、4月は新入社員・アルバイトが入ってくる季節。店にとっては、彼らにいかに戦力になってもらうかは大きな課題だが、皆さんの店では、そのためにどんなことをしているだろうか。

先日、新人スタッフに最初に楽しい仕事をさせることで、定着を図っている店があると聞いた。

でも、楽しいイメージを軽率に植え付けるのはどうかと僕は思う。

だって、飲食店などサービスの仕事は地味な苦労の連続で、楽しいことはほんの一部。最初に甘い果実を与えても、厳しい現実を知ると、結局辞めてしまうのだから……。

じゃあ、僕ならどうするか。

僕はあえて辛い部分を見せる。

その前に、飲食業が好きなのかどうか、なぜ外食を志したのかを問う。

実は、先日も面接でこんなやりとりをした。

「○○君は、なぜ飲食店で働きたいの?」。

「多くの出会いがありそうだからです」。

「それは飲食業じゃなくても、できるよね」。

「はい、でも僕は新川社長のようにミック・ジャガーに会ったりしたいんです」。

「僕はたまたまそういう機会に恵まれたけど、そこに行くまでにはいろいろな苦労がある。そんな目的意識だけで頑張れるのかな。もう一度聞くけど、○○君は飲食業が好き？」。

「……」。

「飲食じゃなきゃいけない理由がないなら、君とは仕事ができない。悪いけど、好きじゃなきゃやっぱりダメだと思うんだ」。

彼は泣きそうな顔をしていたけれど、僕は帰ってもらった。

いろいろな経験から、結局、「飲食業が好きな人を選ぶのが一番。好きであれば苦労に耐えられる」と痛感しているからだ。

今でも忘れられないのは、昔、成長カーブを描く外食企業でリーダー育成に躍起になっていた頃のこと。僕は35人の新卒の入社希望者を前に、こんなことを言い放っていた。

「うちは超実力主義なので、店長やチーフを目指さない人はいりません」。そんなことが何年か続くうち、「サービスがやりたい」「料理が好き」という人ではなく、〝お山の大将〟になりたい人が集まるようになった。でも、そういう人は、飲食業にこだわっているわけではなく、1年後には多くが辞めていた。そんな経験を積むうちに、「好き」なことはやっぱり重要だと思うようになったんだ。

こんな話をすると、「今更ふざけるな」と言う人もいるかもしれない。でも、自分で小さな会社を始め、最初に考えたのは「人が辞めない会社」。だって3人しかいなかったから、1人辞めるとすごい痛手（笑）。さすがに変わらざるを得ないの、分かるでしょう？

24 「可愛い子には厳しくしろ」はウソ

前のページで、新人スタッフに長く働いてもらうには、飲食業を「好き」な人を雇うのが一番という話をしたが、実は、もう一つ大切なことがある。

「愛情を持って後ろから支えること」だ。

前の会社で僕が店長をしていたとき、入社後すぐに多くの人が辞めたことがあったが、理由はまさにその点をおろそかにしていることにあった。

よく、ライオンは自分の子供を崖から突き落とし、厳しい世界の中で生き残っていける子だけを大事にするというでしょう？　僕はその会社で、それを地で行くようなことを行っていたんだ。

例えば、新入社員の新川君が入ってくる。

すると、「お前、パートリーダーの◯◯さんより優れているところを見せないと社員失格だぞ」。期待と緊張で胸を膨らませる新川君に、僕はまずこんなことを言った。

新川君にしてみれば、短期間のうちに◯◯さんのやり方を覚え、彼女を超えなければならないから、すごいプレッシャーだ。

さらにひどいことに、僕はゴールにたどり着くための方法を教えるなどのサポートをまるでしなかった。つまり、新川君は自力で崖を這い上がらなくてはならなかったんだ。

その結果、彼の笑顔は日に日に曇っていった。

一方、僕からの注文はひっきりなし。

「笑顔を作れ」。

「従業員のシフトを作れ」。

「クレームの応対をしろ」。

「電話の応対をちゃんとやれ」……。

揚げ句の果てに「お前、できないな」。……辞めたくなるのは当然だよね。


僕、思うんだけど、ライオンみたいに突き落としても、這い上がれる人なんてまずいない。スタッフを育てるには、「お皿の持ち方はこうしなさい」「挨拶するときはお客様の目を見て」と、一つひとつ現場で愛情を持って教えてあげることが大切なんだ。

そうやって接すると、店との間に信頼関係が生まれ、育ったときに大きなパワーを発する人材になる。それに、そういう人を育てられれば、育てた人もひと回り成長できる。

だから僕は、2009年から、新卒を採ることにした。

もちろん、現場の負担は大きい。

しかも、うちの会社の場合、損益の責任は各店にあるから、店長たちは、新人の人件費を負担した上で店を黒字にしなければならない。

「赤字を出して僕に怒られても逆ギレしないのはもちろん、当分は自分たちで責任を持って育てる覚悟がないと、採る意味はない。それでもやるか?」。

店長たちにそう聞いたら、全員がイエスと答えた。

そんなわけで2009年4月には10人を採用した。その経験は、うちの会社をひと回りも、ふた回りも成長させてくれるはずだ、と信じて。

25 お客様の名前を覚える楽しさを教えているか

5店目の「リゴレット」が2008年4月、六本木ヒルズにオープンした。テーマは〝大人のファミレス〟。僕は、「高級店でなくても、ここまでできるのか」とお客様がびっくりするようなサービスに挑戦したいと考えてこの店を作った。

お客様が飲食店を選ぶときって、受けたいサービスについて自分なりの「尺度」を持っていて、そこに達していない店は選択肢に入ってこない。

「おいしい」はもちろんのこと、「いつ行っても常連として扱ってくれる」とか、「好みを覚えてくれている」とか。

そして、ここ数年、この「尺度」がものすごく厳しくなってきている気がする。

これは、外食以外の分野でサービスレベルがどんどん上がっていることと無関係ではない。

究極のサービスって、お客様とスタッフが個人と個人として向き合うところに生まれるものだけど、その端的な例がお客様を名前でお呼びすること。

これってほかの業界では当たり前だよね。

ホテルで部屋からフロントに電話をすれば、「はい、○○様、御用ですか?」と聞いてくれるし、タクシー会社に配車を依頼するときも「はい、□□様ですね」と、こちらが名前を言う前に認知してくれる。

日常の様々なシーンでパーソナルなサービスが広がってくると、当然、外食でもそれが求められる。

世の中、名前を覚えてもらって嫌な人はいない。実際、名前をお呼びした途端に、お客様とスタッフとの距離がぐぐっと縮まるからね。

ところが、それができていない飲食店が少なくない。

「熟練スタッフがいないから」と言われるかもしれないが、責任はむしろ経営者や店長などのリーダーにあるんじゃないか。

お客様との距離を縮めること、その楽しさをスタッフに教えていないからじゃないだろうか。

さらに言えば、それができたとき、スタッフたちを正当に評価してあげていないからだと思う。

スタッフは誰でも楽しく働きたいし、正しく評価してほしいと思っている。

僕が2カ月に1度、アルバイトスタッフが時給アップに挑戦する機会を設けているのはそのためだ。

店に「申告表」を張り、「自分はこれだけの仕事ができるようになったから、この時給をください」と誰でも宣言できる。

ほかの過半数のスタッフがこれを認めれば、晴れて時給アップとなる。一緒に働く者同士だから、お互いに実力はよく分かる。これほど正しい評価はないと思う。

人材不足の今こそ、スタッフを教え、評価するという基本を、リーダーが改めて見直すべきではないだろうか。

26 無駄なサービスこそほめてあげる

ピークタイムにお客様が来店し、席に案内したスタッフが、気を利かせてイスを引いてあげた。「ありがとう」とお客様。スタッフは笑顔を返し、ディシャップに戻ってきた。ただし、隣のテーブルの空いた皿は放ったらかしのまま……。

こんなとき、あなたが店長やリーダーならスタッフに何と言いますか?

「イスを引いてあげたのは、すごくいいことだね。でも、あっちのテーブルを見て……」と言えればいいけど、「もたもたせずに皿をさっさと下げてこい」。頭ごなしにそう叱ったら、その人はきっと「自分のしたことは無駄だ」と思うだろう。

そして、お客様のイスを引いてあげたり、アイコンタクトを取るなど、良かれと思ってやってきた無駄な動作をいつしかやめ、店を効率的に回すことだけに躍起になるだろう。

でも、無駄を排除し、皆が、やらなくてはいけないことしかやらなくなると、その店はサービスで差異化することはできない。

サービスで売りたいなら、お客様のニーズを敏感に察知し、一つひとつに丁寧に対応するという無駄の積み重ねこそ大事だ。

そして、誰も気付かないかもしれないその無駄を誰が評価してあげられるかというと、リーダーしかいないと思うんだ。

だから僕は、スタッフの動きに目を配り、「今の良かったよ」などと意識して声をかけるようにしている。

動作が多少遅くても、それをただ叱るのではなく、良さを認める。そして、皆の前で彼や彼女にロールプレイングをしてもらい、その人ならではのサービスの姿勢を店全体に広げている。

その意味で、「リゴレット」六本木店でスタッフ全員が注目しているのが、サトコだ。

彼女のすごさは、まさに〝無駄〟が多いことだ。

例えば、お客様が「どう注文すればいいの？」と聞いてきたとき。

セオリーでは、「前菜4〜5品に、パスタかピザ、メイン2品が適切です」と答え、次のテーブルの注文を取りに行くのが効率的で正しいが、サトコはまずお腹のすき具合や体調を聞く。

そして、「ピザは時間がかかるので、その前にパスタを入れましょう」と、お客様の状況に合わせてコーディネートする。

そんな風だから、何人ものお客様が帰り際に「今日はありがとう」と彼女に握手を求めたり、「サトコさんいる?」と再来店する。

もっとも、サトコも最初はもがいた。丁寧さを追求するあまり、最初は担当する6テーブルのうち4つしか回せず、お客様に迷惑をかけた。それでも皆が彼女の無駄を認め、彼女自身も妥協しなかったから今のサトコがあるのだ。

リーダーに今求められているのは、無駄を評価する目だと思う。あなたが叱ってばかりいるその人は、案外第2のサトコになるかもしれないよ。

27 暇な時間にスタッフがおしゃべり、はトップのせい

時々行くあるジュースバーがある。週末の混んでいるときは店員が1人しかいないのに、先日、月曜に行ったら暇なのに店員が2人もいて、壁にもたれかかって話をしていた。

暇な時間帯にこんな光景が見られる店は結構あるんじゃないかな。

例えば居酒屋で、スタッフは5時に店に入って6時には準備が終わるけれど、6時半までお客様が来ないときとか。お客様が1組だけで、担当者が応対している間、ほかのスタッフがおしゃべりしているとか……。

そんなスタッフを見て、「うちのアルバイトは暇なとき、しゃべってばかりで何もしない」と嘆いている人は多いと思う。

でも、本当の責任は、店やお客様に対して気付きや興味を持たせる努力をしていない経営者や店長にあると僕は言いたい。

例えば、お客様が来るまでにまだ30分あるのだったら、「この時間に短いロールプレイをしよう」とスキルアップを図ればいい。あるいは、暇な時間に常連客が来たら、いつも通り担当者が応対して終わりではなく、ほかのスタッフにも「今いらした方は○○さんって言うんだよ」と教えてあげる。

そうすれば、暇な時間を有意義に過ごせたり、お客様を意識して行動したりするようになる。スタッフは気付いていないだけで、リーダーが気付かせる努力をすれば、仕事は広がり、暇な時間なんてなくなると思うんだ。

もちろんその前に、暇な時間自体を作らないことが重要だ。

例えば、明日は雨かもしれず、雨の日は立ち上がりが30分遅いことが予想されるなら、6時に入る予定のスタッフに「悪いけど6時半に来て」と言っていい。その分その人の給料は減るけれど、必要なときに必要なことをやらせてもらえるほうが楽しいはずだ。

そんなこともあって、うちの会社では30分単位でシフトを組んでいる。

例えば、11時に店が開くなら10時に1人目が来て、10時半に2人目、11時に3人目……と、入りも帰りも五月雨式。そうすれば、本来3人しか必要ないときに5人も6人もいるなんてことはなくなるからね。

じゃあ朝礼はどうするんだって？

僕は儀式のためだけに毎日一定の時間に全員を集めるのはどうかと思う。

全員を集めて訓示を垂れるのは週1回にして、それ以外の日は五月雨式にスタッフが来るたびに、連絡事項だけを店長とその人の間でやり取りするので十分だと思っている。

繰り返すけれど、暇になるのはトップの責任。「ボーっとするな」と一方的に叱る前に、暇を作らないことが重要だ。僕自身、昔、一方的に叱ってスタッフに逃げられた苦い経験があるから（苦笑）、切にそう思う。

28 対話ある上下関係でこそスタッフは育つ

皆さんの店の最近のテーマは何ですか。

僕は２０１０年、「内部活性」を主題の一つにしたいと思う。スタッフが、店にいることで何かを得られ、やり甲斐を感じて自発的に働ける。２０１０年はそれができているかどうかで明暗が分かれる年になるだろう。

実はそれを痛感させられることがあった。「リゴレット」の中で一番の好業績を誇る新丸ビル店の２００９年11月の売り上げが、初めて４０００万円を切ってしまったんだ。

ビル自体の集客数も減っていたが、「問題は本当にそれだけか」と僕らは店舗会議で話し合った。

すると、問題が出てくる、出てくる。

「人によって接客レベルに差がある」。

「事故なく店が回ればそれでよしと、接客をおざなりにする傾向がある」

……。

結局、それらが原因でお客様をつかみきれていないのが売り上げ低下の要因ということになった。

では、なぜそんな問題が生じたのか。

そう考えたとき僕らはあることに気付いた。過去1年、ウエイターのメンツが同じで、料理を運ぶランナーや片付けをするバッサーが育っていない。つまり、皆、自分の仕事や店を回すことに精一杯で、若い人を本気で育ててこなかった。それが接客のムラを引き起こしたのだ。

もちろん、それまでだって教えてはいた。

でも、「いいからお前は料理を運んでろ。これはアラビアータだ。分かったな」とそんな教え方だから、新人は緊張でガチガチ。頭が真っ白になり、アラビアータを出しながら「ナポリタンです」と言う、笑うに笑えない事態が起きる始末だった。

でも、そんなことが起きるのはその当人がダメだからじゃない。

新人にただプレッシャーをかけるだけで、「大丈夫?」と声をかけるなど精神的に良好な状態で働かせようとしなかった先輩や店長に責任がある、ということに僕らはようやく気付いた。

指示・命令でなく、対話により気付きを与え自発的な成長を促す指導者をメンターと呼ぶ。ヒュージでは以前からメンター制を敷いている「つもり」だったが、口頭で指示しただけだったので機能していなかったのだ。

そこで僕らは会議の中で、日常業務の改善には内部活性が大事であり、それには上の人が積極的に下の人の悩みを引き出すメンター制が必要であることを改めて確認し合った。

そして、今度こそ徹底しようと、翌日には店長が、誰が誰のメンターであるかを記した組織図を作成し、全員に配布した。

さて、あなたの店では誰もが心の余裕とやり甲斐を持って働ける環境ができているだろうか。そうと言い切れない方は、僕らのこの恥ずかしい経験を教訓にしてほしい。

29 完璧は求めず、スタッフの長所を生かす

「この店で働きたい。接客は苦手だけど、数値管理は得意です」。

ホールの募集広告を見てこんな人が来たら、あなたならどうするだろうか。

「ホールだから、管理よりサービスで頑張って」と言う？　それとも、その人の得意分野を生かすべく、管理の仕事をしてもらう？

僕は後者の考え方だ。

以前、そんな人が入ってきたときも、ホールスタッフとして雇い、シフト組みや備品の受発注、現金管理などを中心にやってもらった。

もちろん、ホール担当なので料理を客席に運んだり、電話を取ったりはする。その接客ぶりはぎこちなく、決して最高ではなかったけれど、感じが悪いわけではないし、何より管理の仕事に対するやる気とパフォーマンスは素晴らしい。だから、僕は彼を尊重した。そして、1年ほど経ってから初めて注文をつけ始めた。「そろそろサービスでも一番を目指すといいんじゃないか」って……。

人には右脳派と左脳派がいるという。

右脳は感情をつかさどり、ここが発達している人はサービス向き。左脳派は論理的で管理の仕事が得意といわれる。

本当は右脳と左脳の両方をＴＰＯに応じて使い分けられるのが理想だけど、そんな器用な人はなかなかいない。

それなのに無理して左脳派の人に右脳派の仕事をさせようとすると、相手はストレスを感じる。そうして本来の良い部分まで薄めてしまったり、店を辞められてしまったりするよりは、少々の欠点には目をつむり、まずはその人が一番輝くことをさせるほうがいいと思うんだ。

だからヒュージでは、誰かを雇うときには必ず「うちの会社で何をやりたいですか?」と聞くことにしている。

「管理をしたい」という人には「じゃあ管理をやって。でも、うちはサービス業だから笑顔も頑張ってね」。接客をしたい人には、「まずはサービスで仲間から注目してもらえるような存在になってほしい」などと言う。

飲食業界は相変わらず人材不足。それでもまだ店側は完璧な人材を求めるきらいがあるけれど、いろんな人がいていいんじゃない?

人間、一つのことを極めるとほかをする余裕が出てくるから、それまではやりたい分野で伸びる手助けをしてあげればいいと思う。

かく言う僕自身も、20歳ぐらいの頃は店での居場所がなく、「かっこいいわけでも、管理が得意なわけでもない」と悩んだ。でも、「ならば愛嬌で勝負だ」と、誰よりもテーブルを回って大きな声で「ありがとう」と言ったり、お客さんの名前を覚えたりした結果、店で一目置かれる存在になれた。そんな成功例（？）もあるんだからさ。

30 レストランはサッカーと同じ。DFにもスポットを

レストランという仕事はサッカーによく似ている。

サッカーにはチームを指揮する司令塔がいて、点を獲るフォワード（FW）がいて、地味だけど確実に守るディフェンダー（DF）がいる。そして全員が果たすべき役割を全うすることで、チームは強くなっていく。

レストランに例えると、スタッフに的確な指示を与える店長が司令塔。接客でお客様を心から楽しませるサービスマンはFWだ。一方、パフォーマンスは得意じゃないけど、オペレーションをきちんとこなし、FWを影から支える

DF的なスタッフも必ずいて、僕はそういったDFたちにいかにスポットライトを当てるかが、とても大切だと思っている。

ともするとFWばかりが注目されるけど、レストランの基本はやっぱりオペレーション。どんなにいい笑顔で接客しても、1杯目のビールがなかなか出なければ、お客様は「笑顔はいいから早くビールを持ってきてよ」と思うはず。そこをしっかり支えているDFは、もっとリスペクト（尊敬）されていい。

先日、「ダズル」でこんなことがあった。あるスタッフがウエイター昇格試験を受け、残念ながら落ちてしまった。だけど、彼は仕事を論理的に進めていくことは得意。毎日必要な仕事はどれとどれで、週に1度はしなければいけない業務が何で……。だから、僕は試験の後、皆の前で彼にこう言った。

「お前、仕組み作りが得意じゃないか。ダズルの業務ルールをお前が作れよ」。

その瞬間、彼の目が輝いた。それを見て、「ウエイター昇格、また頑張ろうな」

と声をかけたら、「はい。分かりました！」って、前にも増してやる気を出してくれた。

まず、得意なことを認めて褒めてあげること。その上で、苦手なものには時間をかけて挑戦させればいい。最初から苦手なことばかりさせようとすると、人はやる気をなくしてしまう。ものごとを教える順序って、とても大事なんだと痛感する。

ちなみに僕は、人呼んで「典型的なＦＷタイプ」。そのせいか、なぜかＦＷ型人間が周りに集まってくるんだけど、みんな、よく言えばひらめき派、悪く言えば決められたことを粛々とこなすのが苦手なんだよなあ。え？　僕も？

……はい、すみません（苦笑）。

6章

全体のサービスレベルを上げるために

31 言いにくいことも言う それがチームを強くする

良いサービスとは何か。語り出すとキリがないけど、たいていは一瞬の動き、行動に凝縮される。

お客様が「注文しようかな」と思ったときに、すっと側にいてあげるとか、「お水、欲しいな」って目で訴えられる前に注いでさしあげるとか。

一瞬のことだけに、スタッフのサービスレベルを評価する人は大変だ。いつも全員の動きを見ていられるわけじゃないから。

でも、だからこそ「公正な評価」が大切。きちんとした評価がされている店と、そうでない店とでは、スタッフのやりがいが天と地ほど違う。

じゃあ、どうすればいいのか。僕が今、アルバイトも含めたスタッフの評価をどうやっているか、参考のために紹介しよう。


僕らの店には2カ月に1度、「時給ミーティング」というものがある。

時給を上げてほしいと自己申告したアルバイトに対し、ほかのスタッフが「賛成」と「反対」に手を上げる。「どちらでもない」は無し。そして過半数の賛成で、時給が上がる仕組みだ。

事前に「申告表」を作って休憩室に張り出しておく。この表にはスタッフの名前、現在の時給、欲しい時給、時給アップを申告する理由の欄がある。

「自分はここまで仕事ができるようになったから、時給をこれだけ下さい」って宣言するわけだ。

時給ミーティングで時給が上がった人は、みんなに仕事ぶりが認められたわけだから、もう最高に気持ちいいよね。

このやり方を長年続けてきて思うのは、やっぱり上がるべきスタッフが上がっていくということ。みんな、実によくお互いを見ている。

もちろん、反対するときには理由も言わなきゃならない。

「Aさんは、自分が忙しくなると他人に対して暴言を吐く」。

「Bさんは自分の担当仕事しかしない」――。

これ、実際にうちの時給ミーティングで挙がった声だ。普通、言いたくないよね、こんなこと。

でも、それを言ってもらうことが大切なんだ。でないと、本人が自分の弱点に気付かないし、成長しない。言わなかった側には、そのうち〝陰口〟が生まれる。

「あいつ、本当は実力がないのに……」。

陰口は、チーム力を弱くする。だから、時給ミーティングで僕は、「後で陰口を言う奴は絶対に許さない」と、きつく言っている。

〝オープンな空気〟を店内に作ること。これが、経営者である僕の仕事だ。ただ、毎日のスケジュールまで公開しているおかげで、自分のプライベートもなくなってしまったけれど……(笑)。

32 ルールで縛る店に最高の接客はできない

2007年、経営者20人ほどが「ダズル」に集まって、サッカー日本代表の元監督、岡田武史さんのお話を伺う機会があった。

岡田さんと言えば若手を育てるのが上手で、チームづくりの手腕には定評がある。岡田流チームづくりのポイントについて語ってもらったのだが、それがものすごく印象的だったので、その一部をご紹介したい。

一番記憶に残っているのは、「組織はルールで縛るとギスギスする」という言葉だ。

これを聞いて、レストランでも全く同じだと思った。

レストランで言うと、ルール＝マニュアル。ところが、本来はお客様を喜ばせるためのものなのに、上から一方的に押し付けるマニュアルを守ること自体が目的になってしまう。

「○○を怠ったら罰金」。

「□□をしたら懲戒解雇」……。

その結果、人間関係がギスギスしている会社やお店は実に多い。

確かに、レストラン業界はある意味で〝ユルい〟ところがあるから、最低限のルールは必要だ。

しかし、マニュアルで縛るチームって、やっぱり最高のサービスはできないんだよね。「とりあえずルールさえ守っておけば怒られない」と、スタッフの考える力が奪われるから。

岡田さんは「ルールで縛る前に、モラルを自然発生させるようにすべき」とも語ってくれた。ここで言うモラルを僕なりに解釈すると、要は「自分たちで考え、納得して決めること」なんじゃないかな。

僕にも経験がある。

以前勤めていた会社で、モノやカネがよく無くなった。その時期って、店長の僕がスタッフに対して上からものを言いっ放しだった。盗みが無くなるようにルールを作っても、なかなか無くならなかった。

でも、ある時期から、スタッフに権限委譲をして、自分たちで考えてもらうように方針を変えると、盗みがいつの間にか止んだ。これがルールとモラルの違いかもしれない。

ただし、モラルを育てるには時間がかかるのも事実。

「ダズル」では、お客様をご案内するときに腕を水平に上げ、指先までピンと伸ばして「こちらです！」と案内しようとみんなで決めたんだけど、途中、何度も廃れそうになった。ようやく100％できるようになったのは、ごく最近のことだ。根付くまで1年半かかったことになる。

でも、最大の結果を得るには、ルールで縛るんじゃなく、モラルを育てるしかない、と思う。マニュアル通りにやれって言っても、おとなしく聞くような奴らじゃないし、ね（笑）。

33 何事も〝努力目標〟に終わらせない

テレビで茨城の和食ファミリーレストラン「ばんどう太郎」を紹介する番組を見て、心を打たれた。

この店、決して安くはないのに大人気で、インタビューされたお客様は皆、「ここに来るとほっとする」などと語っている。

その秘密の一つはお客様を名前で呼ぶこと。まさに僕がテーマにしてきたことで、この店ではそれを努力目標に終わらせず、具体的な目標として皆が共有している〝におい〟がした。

例えば、お客様が入ってきたら「こちらでお待ちください。お呼びしますのでお名前を教えてください」と声をかける。その後は「○○様、どうぞ」「○○様、ご注文は」とずっと名前を呼び続ける。お客様が帰る際も、「○○様、ありがとうございました」と皆で見送りをするのだ。

料理の提供時間も7分にこだわっていて、提供時間を計っていたスーパーバイザーが、8分に近付こうとした瞬間に顔色を変え、スタッフに厳しい口調でこう語りかける場面が映し出された。

「あなたたちはお客様に対して失礼なことをしています。僕らは7分で提供することに決めたじゃないですか」。

これを見て、何のためにやるかが明確なこと、目標に対する徹底したこだわりがあることにとても感心した。目標を設定しても、理由を付けては「できなくて仕方ない」と努力目標で終わらせている店が大半だからね。

うちの店だって、「今日はスタッフが足りず、料理提供が遅れました」といった報告は日常茶飯事だ。番組を見た後、試しにヒュージの店のウエイターに「顔と名前が一致するお客様は何人?」と聞いた際も、10~20人以下と理想より少ない数を答えた人が目立った。

それで改めて思ったんだ。

「業績が好調なのをいいことに、この1年、うちでもお客様を名前で呼ぶのが努力目標になっていた。それではやっていないのと同じ。努力目標ではなく約束された目標にすべきだ」とね。

というわけで、僕は各店舗の会議で「具体策を考えてほしい」と問題提起した。

「毎日10人ずつ名前を覚えろ」と指示すれば早いのだろうが、それだと自主性がないし、数字が独り歩きして、手段を選ばず名前集めに走る人も出てきかねない。だから、自分たちで考えてもらうのが大切なんだ。

もちろん、次に僕が進捗状況を聞いたときに「やってません」は許さないよ。今までもそうして現場で具体策を立てたことで、店は確実に良くなっていった。だから今回も、テレビで見る限り「ばんどう太郎」に負けていることを素直に認め、努力目標に終わらせない対策を講じるつもりだ。

34
「まだ任せられない」と決め付けず、権限委譲する

2008年5月12日、東京・六本木ヒルズに「リゴレット バー&グリル」がオープンした。167坪の大箱だ。スタッフの数も、マネジメントクラスだけで15人と非常に多い。

そんな大所帯で、良いサービスを実現するには、地道なトレーニングが不可欠だ。そして、トレーニングを効率良く行うために意外に重要なのが、皿、シルバー、酒、照明、トイレの備品など必要なインフラを、いち早く整えることだ。

だって、そうでしょう？「はい、皿を持って」と言っても、「まだ届いてい

ませんｌ」では、肝心のトレーニングが始められないんだから。

僕がこれまで手がけた店を含め、大抵の店では、インフラの整備・管理は店長の担当だ。

でも、これには欠点がある。

酒や皿が届いてないと分かるたびに店長自ら業者に問い合わせていると、一番大切であるはずの、皿の持ち方や笑顔の大切さを教えるトレーニングがおざなりになってしまうのだ。

オープン後も、電球が切れたとか、トイレが詰まったとか、ことあるたびにスタッフが店長に相談すると、店長は作業に追われる。そして、店長がいないときには、切れたままの電球が放置されることになる。

本来店長は、鳥のような視点で店全体を見渡さなければいけないのに、作業に忙殺されると店はうまく回せない。それに、どんなにとびきりの接客をしても、切れた電球を放置する店にお客様はときめかない。

だから、六本木「リゴレット」のオープンの際には、食器、酒、文具などの仕入れや管理を、店長以外のマネジメントスタッフに権限委譲したんだ。

僕らは、業務分担表を作り、新しいスタッフが入るたびに、本人の希望を聞いて担当者欄に名前を入れた。

そして、各人に仕事内容を説明したり、業者さんと引き合わせたりした。はっきり言って、本格的なトレーニングが始まるまでの2週間は、業務分担表の作り込みが、僕と店長の仕事の中心だった。

でも、おかげで今回は、例外的なほどきれいに店が立ち上がった。

トレーニングを開始する直前に、僕が店をチェックしに行ったときも、僕が何か聞くと、「それは○日に届きます」と担当者からすかさず答えが返ってくる。おかげでトレーニングがスムーズに始められたことは言うまでもない。

今回は店が大箱だったため、権限委譲をしやすかった面はある。でも、小さな店にも同じことをお勧めする。

人って、任されると気持ちの入れ方が断然変わるから。

「この人にはまだまだ任せられない」なんて思わずに。やってみると従業員のやる気が目に見えて上がるから絶対にクセになるよ（笑）。

35 接客スタッフじゃない人にも電話応対を経験させる

前稿に引き続き、六本木「リゴレット バー&グリル」の開店準備の話。僕が接客スタッフをどんな風にトレーニングしているか、その一端を話そう。

ここで話すのは、電話応対の訓練についてだ。

実は、開店準備中、僕は六本木店で働く社員を事務所に座らせ、取引先からなどのビジネス電話を受けさせた。

対象は、接客スタッフだけでなく、お客様とかかわりを持つ可能性が少しでもある人は全員。そして、横で聞いていて気になることがあれば、必ずその場で何がいけないかを指摘するようにした。

お店には、料理人、皿洗い係、フロント係、管理担当いろいろな立場の人がいるけど、その中で誰に歓迎されるのがお客様は感動するかというと、僕は、最も立場の低い人や最もサービスから遠い位置にいる人だと思っている。

逆に、その人たちが皿をガチャンと乱暴に置いたり、電話で無愛想な応対をするのは最悪。そして、彼らがいつまでもイケてないとしたら、その責任は店長やリーダーにあると思うんだ。

実際、六本木店のスタッフに電話応対をやらせると、イケてない人もいた。

例えば、求人広告を見て連絡してきた人に対しても、「今まで何をやってらしたんですか?」「失礼ですが年齢をうかがってもよろしいですか?」とか、杓子定規な聞き方しかしない。自分の仕事は管理だから、お客様相手の仕事と思っていないフシがある。

僕はすぐそばで聞きながらイライラして、電話が終わるやいなや彼に聞いたんだ。

「今電話をしてきた子は、君に会いたいと思うかな。恋愛も店も同じだけど、『また会いたい』と思いながら話すのが大事だよね。ましてや電話は相手が見えないからその気持ちを一番出さなきゃいけない。もっと自然に、『そうなんだ。○○さんって言うんだね。○○です、よろしく』と言うべきじゃないかな？」。

僕がサービスで一貫して大事にしているのは、「自然に人間らしく」。こちらが偉いわけでも、相手が偉いわけでもない。フィフティ・フィフティな関係だ。

すべてのスタッフにそれを分かってほしいし、電話をかけてくるお客様や、店内にいるお客様、その一人ひとりから給料をいただいていることにも気付いてほしい。だから、そのトレーニングとして電話応対から始めた。

「接客スタッフでもない人に口うるさく電話応対の指導はできない」と思う人も多いかもしれない。でも、それをしないと、感じの良い店にはなれないと思うんだ。

36

縦割り主義の店は絶対に繁盛しない！

パリのレストランを舞台にした『ギャルソン！』という映画をご存知の方も多いだろう。何を隠そう、この映画こそ、僕が外食業界に入るきっかけを作ってくれた映画だ。

何と言ってもイヴ・モンタン演じる主人公、初老のギャルソンがいい。その流れるような動き。文字通り全身を使ってお客様をもてなす様子に、理屈じゃなく「格好いい！」と思った。

この映画に、ディシャップのシーンがよく出てくる。ホールとキッチンをつなぐこの場所で、ギャルソンたちと料理長が何度もやり合う。

「お客が6人とも違う料理を注文したのか。俺を殺す気か?」。

「お客が食べたいって言うんだから、作ってあげればいいじゃないか」。

お客様に気持ちよく食べてもらおうとするギャルソンに、作り手の論理で真っ向から対立する料理長。これって、今でも、どのレストランでも、よくある光景だ。

そう。ホールとキッチンは基本的に「水と油」なのだ。

料理人は芸術家であり職人であって、自分の技術や作品に絶対の自信を持っているもの。これに対して、ホールがお客様の立場に立とうとすればするほど、溝は深くなる。

その溝をいかに埋めて、双方の目指す方向をお客様に向けられるか。レストラン経営という仕事は、煎じ詰めればこれに尽きる。ホールとキッチンの関係がうまくいってない店は、絶対に繁盛しないからだ。

僕が東京・世田谷区三宿の「ゼスト」で店長をしていた時代、チーフ（料理長）と約束した。

「お互いに陰口を言うのはやめよう。ホールスタッフに言いたいことがあれば、必ず僕を通してほしい。僕も、キッチンに対して言いたいことは、必ずあなたを通します」と。

この約束がちゃんと機能したから、店の雰囲気は抜群だったし、そのチーフとは今でも大の仲良しだ。

自分自身がキッチンを仕切る個店オーナーの方にも、胸に手を当てて考えていただきたい。ホールスタッフから「お客様がこう言ってます」と注文を付けられて、「忙しいのに、そんなわがまま聞けるか！」などと怒鳴ったことがありませんか？

もし、そんなことをしたら、スタッフは今後一切、お客様の声をあなたに届けようとはしないはず。

理不尽な要求は断ればいい。でも、それ以外は何でもお客様の希望を叶えてあげようと決めた瞬間、あなたのお店はきっと変わりますよ。

37 ホールとキッチン、どちらも「お客様係」という一つの仕事

先日、久々にスタッフに対して激怒したことがあった。

会社の皆でヒュージの和食店「新」に行ったとき、3種類の刺身を1人前ずつ注文したら出てくるのに30分もかかったんだ。舟盛りのような凝った盛り付けじゃなく、ただのシンプルな刺身を提供するのに、そんなに時間がかかるなんて信じられない！

サーバーの子に「遅いよ」と言ったら、その子はこう答えた。

「厨房に早く出すように言ったんですけど」。

そこで翌週の店舗会議で、刺身担当者に遅い原因を聞いたら、こう言った。

「私は20分で出したのに、サーバーがすぐに持って行かなかった」。

それならと、サーバーになぜすぐに運ばなかったか尋ねると、「忙しかったし、20分もかかると思わなかった」。刺身担当者に「20分かかることを事前に伝えた？」と聞くと、「いいえ」と悪びれもせずキッパリ。

僕はすごく腹が立ってきて2人にこう言った。

「2人とも自己中心的だ。『私はやることやっています』とただそれだけで、相手やお客様を思いやる気持ちが全然ないじゃないか」と。

ちょうどいい機会だったので、僕はその場にいる調理担当全員にこう聞いてみた。

「店のテーブル番号を全部言える人いる？」。

するとと誰も言えなかった。

次にホールの人に「今日のこの料理、誰が仕込んで誰が調理したか分かる人、手を挙げて」と聞くと、一人しか手を挙げなかった。

要はホールと厨房がお互いの仕事に興味がないのだ。

「私は今、刺身を作っている。それは20分もかかる作業。私の仕事はこんなに大変」と皆、自分のことでいっぱいなのだ。

こんな風にホールとキッチンの間に溝がある店は非常に多い。

そういう店ではホールが料理をなかなか運ばないと、厨房側は「使えねえな、うちのホールは」と舌打ちする。サービスの側もお客様に「まだ?」と聞かれると厨房のせいにする。

要は、意識の中にお客様がいないんだよね。

でも、ホールが忙しければキッチンが料理を運べばいい。キッチンをホールが手伝ってもいい。もちろん自分の仕事が優先だけど、お客様にちゃんとしたサービスをするにはお互いに助け合うべきだ。

だって本来、キッチンやホールは便宜上の区分であって、全員が「お客様係」であることに変わりはないんだからね。

でも実際にはその意識がなかなか持てない。その責任は、「ホールが忙しかったら厨房が料理を運ぼう」といった助け合いの空気を作っていない店長や料理長にあると思う。上の人が「何やってんだ、うちのホール（厨房）は」と言っている店では、下の人も同じように考えるようになるものだ。

もちろん、そんな店が繁盛するわけがない。だから今こそお互いの仕事に興味を持つ雰囲気作りをトップがすべきじゃないだろうか。自戒の意味も込めて、強く言いたい。

38 サービスの活性化には、やっぱり従業員の活性化

2008年8月、初の社内技能コンテストを開催した。全店のアルバイトが、ホール、キッチン、バーテンダー部門に分かれて技能を競うというものだ。

第1回目は25人が参加。朝9時から筆記試験を受け、続いてキッチン部門は大根のかつらむきやオムレツの調理を、ホール部門はお客様役の審査員を相手に接客を披露した。

どうしてコンテストをやろうと考えたかというと、アルバイトの人たちに、「ここにいたら学べる」「やり甲斐がある」「長くいたい」と思ってもらえる組

織にしたかったからだ。

社員には、例えば持ち株制度や401Kという年金制度など、長く働きたくなる仕組みを用意してある。

短期的にも､年に2回昇給の機会を与えるなど､頑張りに報いる仕組みがある。

でも、アルバイトを対象にした制度は特にない。

しかし、うちの会社もいつの間にか300人の所帯になり、これからアルバイトの役割がさらに大きくなると思ったとき、やはり技能コンテストのようにアルバイトのモチベーションを上げる機会は作るべきだと考えたんだ。

そもそも、社員が技能を磨くのは当たり前。社員になるということは、それでメシを食っていくということだからだ。

でもアルバイトは、音楽や演劇の道を志しながらフライパンを振っている人など、皆それぞれ。

それでも、うちで働いているからには、自分の技能を皆に認められたり、あるいは、そんなすごい仲間と一緒に働くことを知る、といった体験をしてほしい、と考えたわけだ。

実際にコンテストを開いてみると、ベテランアルバイトが〝極薄〟のかつらむきを披露し、それを見たほかのアルバイトが皆で練習を始める。そんな姿も垣間見られ、やって良かったと心から思ったね。

当の本人たちも、普段はまじまじと見ることのできない達人の技を見たり、自分の実力を試すことを、皆、心から楽しんでいるように見えた。

僕、思うんだけど、店や会社を活性化するには、やっぱりＥＳ（従業員満足）が大事だよね。

だから技能コンテスト以外にも、２００９年からは「ヒュージの日」を作り、年に一度店を休んで全スタッフが一堂に会し、社長もアルバイトもなく楽しむ機会を作ることにした。店ごとにチームを作って、歌やダンスなど得意技を披露し合うなど、この日ばかりは楽しくやるのだ。

もちろん、うちの会社の売り上げは１カ月約２億円（２００８年10月時点）だから、全店が１日休むと約６５０万円を失うわけで、経営的にはすごいチャレンジ。それでも、やる価値は大きいと思っている。

39 いろいろな業務を経験させマルチスタッフを作る

忘年会シーズンは、普段店で働いていない人を動員したり、皿洗いの担当が電話番をやったりすることも多い。だが、いきなり慣れない仕事をさせても、そううまくはいかない。無理をすると、せっかく来てくれたお客様に嫌な思いをさせるだけだ。

だから、この時期は人材不足を見越して、あらかじめキッチンスタッフに電話応対を覚えてもらうなど仕事のクロスオーバーをするといい。

「リゴレット」吉祥寺店でも、店長の日比野友子が驚くほど理想的な形でそれを行った。

彼女は春頃、年末の乗り切り方について僕に相談をしてきた。僕は「今、早番もいれば、深夜から早朝勤務の遅番もいるよね。年末はそういう時間軸の仕事を広げるいい機会じゃない？」という大まかな話だけした。

それから数カ月経った8月、彼女は営業日報のメールに「早番のチヒロを遅番に、遅番のユウキを早番に1カ月間回します」と書いてきた。

僕は彼女との会話を忘れていたので、「なぜ遅番の人気ウエイターを動かすんだ！チヒロだってやっと仕事に慣れたばかりだぞ」と驚いた。

でもね、それから1〜2週間経つとチヒロやユウキから来る日報の内容が変わってきたんだ。

「いやぁ、遅番の大変さが分かりました。閉店後の清掃業務の多さや、レジ作業でお金が合わないときの大変さ、お客様を定時でお帰しするのがどんなに大変かも」とチヒロ。

ユウキも、遅番ではベテランなのにランチのスピードについていけず、「注文もとれないし電話もとれない。自信満々だったのに惨敗でした」と書いてきた。

つまり、遅番も早番もそれぞれの立場が分かるようになったんだ。おかげで吉祥寺店ではお互いのことを考えて仕事を工夫するようになったし、どちらかに欠員が生じたときも誰かが入れる体制ができた。

偉いのは、すべてがスムーズにいくよう店長がフォローした点だ。

ユウキがいなくなると遅番が弱くなると考え店長自ら遅番に入り、早番はタクロウに任せた。そのためにタクロウを新丸ビル店に3週間も研修に行かせた。すべてが年末に向けての準備なわけ。やってくれるよね。

その後、ヒュージでは日比野を真似ようという機運が高まった。

先日もベテラン店長が「俺は遅番に早番をやらせようと思ったことなどな

かったが、日比野に学んで今からやる」と宣言した。

皆さんも12月に備えてこうした工夫を行ってはどうだろう。でないと1月にお客様が減ってガッカリするよ。

語録に見るヒュージの流儀――その②

「知らんぷりはするな 指し合え」

高級店でもないのに、お客の名前まで覚えるような接客はできない。多くの外食経営者は、こう考えるだろう。しかし、新川はあえて挑む。高い接客のレベルを維持しつつ、どこまでお客にとってリーズナブルな店を増やせるか。そのため、正社員からアルバイトまで、まず全員に徹底させようとしているのが、お互いに弱い部分を指摘して補う「指し合う」文化を作ることだ。

月末、早朝7時からの「リゴレット」新丸ビル店の会議。時給は出ないにもかかわらずアルバイトも自ら加わり総勢30人が話し合う中、新川の檄が飛んだ。

「ノリだけができてもだめ！チヒロができないと無意味なんだよ」

発端はホールの時間帯責任者を務めるアルバイトから「最近、レジ誤差が多い」という指摘が出たことだ。原因として配属3週間の新入社員が槍玉に挙がった。しかし、新川は指摘した側に苦言を呈したのだ。

どんなときでも均一のサービスを提供するために

リーダーで仕事ができるからといって指摘しただけで悦に入るようなことは許さない。「問題に気付いていたなら、解決策をなぜ教えてやらない？」。畳みかけるようにリーダーとしての責任も問うた。

「1回でもおしぼりの袋まで開けて『どうぞ』とやったなら、最後までやれ。金曜の夜8時でもやれ。できないならやるな」。

どんなときでも均一で快適なサービスを提供する。これがヒュージの基本的なサービスの考え方だ。良いときと悪いときの差があれば、お客は白ける。だから、できるときだけやったり、1人だけができたりしても意味はない。

その日、午後に行われた会社全体の経営会議でも「指し合え、互いに知らんぷりはするな」と新川は繰り返した。とはいえ、他人の仕事ぶりを公然と指摘するのは実にきつい作業だ。指摘するからには、自分の仕事ぶりも振り返らざるを得ない。「指摘しているお前はどうなんだ?」。そう言われないための努力も当然求められる。自分はまだできていなくても、指摘しなければならないときもある。後輩から先輩への指摘などがそうだろう。

時給も本人の目の前で合議で決定

しかし、新川はだからこそ「全員で指し合う」ことを求める。

指されたほうも指したほうも、自分を振り返る。その連鎖が起これば、結果的に店全体の質の維持や向上につながる。誰がリーダーシップを取るわけでもない。全員で店を良くするために徹底的にやり合う。そして、それを当たり前のように続けていく。これこそが新川の目指すヒュージの文化なのだ。

ヒュージでは、指し合うために時給も自己申告制で本人の目の前で全員の合議にかけて決める。自分の能力に対する仲間からの赤裸々な評価は、ときに店長に認められないことよりつらい。実際、能力不足として時給アップが認められず、しょげかえるスタッフを目の当たりにすると、指摘したほうもいたたまれない気持ちになる。

ヒュージに創業時から加わり、「ダズル」店長を務める高田繁幸は言う。

「最初は僕も苦手でした。でも、結局そうしたほうが組織として健全。陰口は減るし、モチベーションが低い人はあの場にいられず、自然に排除される。何より一人感じの悪い接客をする人を見過ごせば、その人が接客したお客様は店全体をダメだと判断しますから」。

アルバイトにも情報開示

当然、全員で指し合うには、社員とアルバイトの間に壁があってはならない。早朝の会議でレジ誤差を指摘したアルバイトのノリこと品次典明は言う。「普通、僕らには売り上げくらいしか数字を見せてもらえない。でも、ここは原価率や人件費、利益も見せてくれる。だから、自分の仕事の結果が見えて面白い」。「リゴレット」で働いて2年。まだ、続けるつもりだという。

社員かアルバイトかでむやみに情報に差をつけるようなことはせず、重要な数字は皆に公開する。この〝ガラス張り〟の経営姿勢が、指し合える環境の実現を支えている。

（日経レストラン編集部、文中敬称略、数字や肩書きは取材時のもの）

7章

トラブル時こそ真価が問われる

40 赤ワインを洋服に〝ぶっかけ〟。「即弁償」は最も安直な解決法

この稿では、クレーム対応の話をしよう。まず、僕の会社で実際にあった話を聞いてほしい。

物語の主人公は辻裕太君。彼が「リゴレット」新丸ビル店のアシスタントマネジャーになってわずか１週間後の店長不在のとき、事件は起こった。

新人の女性スタッフが過って赤ワインのグラスを倒し、お客様の洋服をびしょびしょにしてしまったんだ。彼女はどうしていいか分からず慌てて辻君を呼んだ。

それは夜のピークタイムでね。辻君は慣れない仕事にテンパっていて冷静さを失っていた。

それで何をしたかというと、お客様のところへ行って、「すみません、弁償します」と、一番言ってはいけないことを最初に言っちゃったの。

そして階下の洋服屋に連れて行き、自腹で洋服を買ってあげた。

上下合わせて6万円弱。着替えてもらった後、会計もタダにしたけれど、お客様は憮然としたまま帰っていった。きちんと謝りもせずいきなり弁償なんて言われたら、お客様が冷めちゃうのは当然だよね。

そもそも洋服を買うのも、この場合やり過ぎだ。なぜそんな対応をしたのかとあとで本人に聞いたら、自分に余裕がなく、ただ「早くこの人に帰ってもらいたい」と思ったんだって。

これを聞いて僕は久しぶりに激怒した。目の前の厄介事を消し去りたいばかりに「弁償」「会計はタダ」という最も安直な方法で解決しようとした軽率さ、責任感のなさに。

危機に対する対応は百通りで正解は一つではないが、最も重要なのは誠意を込めて謝罪することだ。

「あ、この人、誠意が足りない」と思った瞬間、相手は被害者意識を増長させ、権利を主張し始めてその途端に店は加害者になる。

でも、このケースって事故でしょう?

例えば道で人にぶつかったとき、「ごめんなさい」と言えば相手も「ごめんなさい」と言う。人間関係ってそういうもので、どちらが100%悪いという「100対0」の関係ではないのに、誠意を忘れた途端に一方が悪者になってしまう。T君のケースはまさにそれだと思うんだ。

とにかく、余裕がないときほど一度冷静になり、事態を客観視することが重要だ。

状況が分かれば心からの謝罪が自然とできるし、ワインがしみこんだ箇所に炭酸水を当ててこすらずにたたくなど適切な応急処置もできる。それでも汚れが落ちなければ、「このままじゃお帰りになれないですよね」と一緒に考えてあげられるからだ。

そして、場合によっては、取り急ぎスタッフのコートを着て帰っていただくか、タクシーにお乗せして、タクシー代をあとで請求していただく。汚れが落ちない場合は、クリーニングしていただき実費を店側で負担する——例えばこんな風に対応すれば、いきなり弁償の話を持ち出すより、お客様もまだ納得してくれるんじゃないかと思う。

41 子供が走り回って困るとき、まず親御さんの立場になる

先日、知り合いのレストランに行ったとき、小さな子供連れの家族客が近くに座っていた。その子が途中でぐずってね。あまりに泣き止まないから、マネジャーに「何とかしたほうがいいよ」と言ったら、「先程からお願いしているんですが、なかなかお子さんを連れ出してくれなくて」。そのうち、ほかの席のお客様は食事の途中なのに帰ってしまった。

そのマネジャーによると、最近は、大人2人、子供1人でも、子供連れとは言わず、ただ「3人」と予約する人が増えているそうだ。

店側は、予約のお客様が来店して初めて子供連れだと知る。でも商談中の隣の席しか空いてないからその席に通す。すると、子供が泣き出す、なんてことも増えているらしい。

僕の店でも最近、親御さんが離乳食を堂々と広げて食べさせたり、子供たちがホールを走り回って店内がキッズパーク状態になったりすることが何度かあった。

サービスには、もてなす側ともてなされる側のルールがある。そして最近はルールを無視したお客様がいるのは確かだ。

でも、「子供連れだ。邪魔だ」「泣き出した。参ったな」で終わらせては、事態は悪くなる一方だ。

そもそもキッズパーク状態になったりするのには店の責任もある。最初に始めた人を放っていたから、「ここは平気な店だ」とみなされるのだ。

じゃあ、どうすればいいか。僕なら、例えば離乳食を広げたお客様には、こう話しかける。

「メニューのもので工夫させていただきますので、おっしゃってください」。そうして、「カボチャのスープがあります。冷ましてご飯を入れましょうか」などと提案する。

「んぎゃ〜」が始まったときも、「大丈夫かぁ？　おじさんと一緒に外に行こうか」などと近寄っていく。そうすれば親御さんは「大丈夫です。私がやります」と言ってくれると思うんだ。

この際、気を付けたいのは、頭ごなしに注意したり、「あちらの方に迷惑なんで」とほかのお客様のせいにしたりしないことだ。

サービスって相手の立場に立って考えること。そして、子供が泣き叫んだときに一番困るのはその子の親。その人の気持ちになって、「よかったら何かお手伝いしましょうか」と声をかけたり、その人の代わりに周囲のお客様に「すみません」と謝ってあげたりする。そんな姿勢が大切だ。

店が大切にしている雰囲気を侵食されたら、相手の立場に立ちつつ、言いたいことは言う。そうすれば、お客様も、「この店ではちゃんとしなきゃ」と思うようになるはずだ。

もっとも、そんな常識が通じない人も、たまにいるんだけどね（苦笑）。

42 お茶だけ客？ 招かれざるお客が増えるのは店のせい

「夜9時にお茶をしようと店に行ったら、断わられました。気に入っていたのに残念です」。

先日、東京・銀座の「リゴレットキッチン」にこんなクレームが入った。不審に思い、接客担当者に尋ねると、そのお客様が来たときに別のお客が待っていたため、「レストランなので お食事……」と言いかけたら、「あ、そう」とあっさり帰ってしまったと言う。

本当は「お食事のお客様が並んでいるので、その後でいいですか」と続けたかったが、声をかける間もなかったそうだ。

「それなら君は悪くないよ」と僕は彼に言ったが、彼はこう続けた。

「でも、お食事の方を優先したいという気持ちがあったのは事実です。それが微妙に態度に表れてしまったのかも」。

確かにこの店は料理に力を入れており、食事をしてもらいたいのが僕らの本音だ。でも、お客様からすれば食事をすべき店なのかお茶だけでもいいのか判断に迷う微妙な店は確かにある。

例えば、店名に「カフェ」が付いた店も「お茶だけでもＯＫ」と思う人は多い。そんな店なのに「うちはレストランなので」と強く出し過ぎたりすると、クレームにつながる。

僕は早速、店長会議でこの話をし、みんなに聞いた。

「お茶だけのお客様が店に来たら、みんなはどうする?」。

すると、意見が分かれた。

「そのときはコーヒー1杯でも次は10人連れてきてくれるかもしれないから、断るべきではない」とリゴレット・ブランドのA店長。

「夜7時にお茶だけのお客様を断わったことがある」と、別のリゴレット・ブランドのB店長。

同じ「リゴレット」で断わる店と断わらない店があるのはおかしい。また、一度受け入れた店で、担当者や時間帯によって応対が一貫しないのもおかしい。チグハグが生じたのは、断るか受け入れるかのポリシーを明確にしていなかった僕の責任だ。そこで僕はその場で決めた。

「今後はお茶だけのお客様を断るのはやめよう」と。

えっ、そんなことをしたらお茶客が増えるって?

僕は逆だと思う。メシ屋としての空気をちゃんと醸成できていれば、お客様は、そのときはお茶だけでも帰り際に「今日はお茶だけでごめんなさいね」と言うだろうし、デザートがおいしければ「料理もおいしいはず」と感じて次は食事に来てくれると思うんだ。

仮にその期待を裏切り、お茶だけのお客様ばかり増えたら、メシ屋としてインパクトが足りなかったということだ。

極端な話、トンカツ店でお茶する人はいないよね。それと同じで、料理なりサービスなり〝売り〟を明確にし、テーマをぶらさずやれていれば、お茶客を受け入れつつも、最終的には店の思惑通りに食事客が増えると思うんだ。

この一件は、店を振り返る良い機会になった。お茶客に困っている店の方も、ぜひこの機会に自店を省みられるといい。そうしないと、お茶や勉強の場としてしか必要とされないどこかのファミレスみたいになっちゃうよ。

43 長居の原因も店が作っている

「長居のお客様が多くて困ってるんです。先日なんて、『次のお客様が来るので』と言ったら、逆ギレされちゃって……。新川さんなら、こんなときどう対応しますか？」。

先日、ある人から聞かれ、僕はこう答えた。

「長居するお客様をどうするかより、なぜ長居させてしまうかを考えることが大切ですね」。

確かに、ある程度回転を考えなくちゃいけない店の場合、あまり長居されるのは困るよね。でも、長居の原因はお客様にあるというより、多くの場合は店側が作っていると思うんだ。僕が言いたいのは、そんな店はお客様を放ったらかしにしている可能性が高いということだ。

例えば、注文を聞くときに、「今日はどういう感じにしましょうか？」「○○はいかがですか？」と聞いたり提案することもない。お客様が「とりあえず」と注文した3品が出てしまってからも、「次、どうしましょうか」と聞かない。

そうして放ったらかしにするから、お客様は、「この店は好きにしていいんだ」と判断し、自分たちの世界に入ってしまうわけだ。そんな店に限って、最後になって、おひやを何度も注ぎに行ったり、「次のお客様がお待ちですので」といきなり退店を促したり……。それじゃあ、お客様もカチンとくるよ。

そうではなく、例えば、注文を聞くときには、「今日はお腹いっぱい食べたい感じですか？軽くつまむ程度ですか？」と聞く。お客様が「とりあえず3品」

と言ったら、その3品を出した後、「この後、どうしましょうか?」と聞いてみる。そうして店側が声をかけ、食べるペースを作ってあげれば、何も注文しないいま長居することは、かなりの確率でなくなると思う。もっと言えば、そんな風にコミュニケーションができていれば、仮に長居されたときも、お願いしやすい。「大変申し訳ありません。次のお客様がお待ちなので、お席を譲っていただけますか?」ってね。コミュニケーションを取った上でそう言えば、お客様のほうも、「こちらこそごめんね」と、気持ちよく言ってくれると思うんだ。

えっ、次のお客様がいないときはどうするかって? 僕ならそういうときはまず、「今日はいかがでしたか?」と、お客様に話しかけに行くね。それから少し会話をした後、「じゃあ、お会計こちらに置いておきますね」とか「お帰りの際はお申しつけください」と言う。それは、全然失礼じゃないと思うよ。大切なのは、サービスで攻めるということ。それさえできれば大丈夫!

8章

永く愛される店を創るために

44 良いサービスは我が街を愛することから

2007年4月27日、東京・新丸ビルに「リゴレット ワイン アンド バー」がオープンした。吉祥寺に続く、リゴレット・ブランドの2号店だ。

ここは丸の内の常識から外れた店。朝4時まで営業するレストランなんて、今までの丸の内にはなかったはずだ。

オープンに先立ち、そこで働く約50人のアルバイトたちを集めてキックオフミーティングを開いた。

「みんな。丸の内に行きつけの店、あるか？」。

「ありません……」。

「そうか。俺もない。じゃあ、俺たちが行きつけにしたいって思える店を、俺たちの手で作ってやろうぜ」。

冒頭でそうハッパをかけたら、みんなの顔がパッと明るくなった。それを見て僕は、「やる気のある若い奴も、まだまだいるじゃないか」って心強かった。

おそらく、仕事の厳しい現実に直面し、1割くらいの人は辞めていくだろう。それはそれでいい。「どうせアルバイトだから」といった緩い気持ちの人とは仕事をしたくないから。

だからいつも、彼らにはこう言っている。

「僕は、君たちをアルバイトだと思わない。君たちも、自分はアルバイトだという意識を捨ててほしい。仕事が終わり、タイムカードをパンチアウトするまで、君たちもまた一人のプロなんだ」。

もちろん、こちらから要求するだけじゃない。誰もが納得する情報公開をしてきたし、サービスを学びたい人がちゃんと学べる環境を作ってきた、という自負がある。

給与の決定基準はオープンだし、僕が、いつ、どこで何をやっているか、スケジュールもすべて公開している。接客のロールプレイング訓練は、互いに歯に衣着せず、ときには泣き出すアルバイトがいるほど真剣な内容だ。

あとは、みんなが丸の内という街を好きになることが大事。

サービスの基本は「オペレーション」「リコグニション」「アンティシペイション」の3つだと常々話しているが、それ以前の基本中の基本が、これだ。

街を好きになると、そこに集まる人たちに対して自然に親切になれる。

「『この街に来て良かった』と思ってもらいたい。喜ばせてあげたい」。

そんな気持ちになる。

だから、僕も今、丸の内を好きになろうと努力している。毎週通って、自分の足で街を歩く。すると、小さな公園の気持ちのいいベンチを発見して……。

皆さんも、自分の街を好きになる努力、していますか?

45 目の前のお客様の満足その一点に尽きる

東京・銀座の「コリドー街」をご存知だろうか。

名前の由来は詳しくは知らないけど、銀座と有楽町、新橋の中間地点にある飲食店街で、「銀座の台所」っていうイメージかな。カジュアルな居酒屋からカフェ、トラットリアなど、実に多彩な飲食店が軒を連ねている。

そのコリドー街の一角に2007年9月20日、「リゴレットキッチン」をオープンした。これはリゴレット・ブランドの3店目。

2006年4月の吉祥寺、2007年4月の「新丸ビル」に続き、3店目はその名の通り、オープンキッチンが主役だ。

キッチン周りのカウンターに座ると、目の前にはずらりと並んだ旬の食材。「じゃあ、今日はお薦めのイワシをもらおうかな。調理法は……」と、調理スタッフとの会話も楽しめる店だ。


吉祥寺、丸の内、そして銀座……。

こう言うと、必ず「良い場所ばかりに出店できて、うらやましい」といった声を聞く。口には出さなくても、顔にそう書いてある人もいる。

でも、実は今度のコリドー街はそんなやさしい場所じゃない。

確かに、長く繁盛している店もあるけれど、その一方で撤退も相次いでいる。勝ち組と負け組が、実にはっきりしているんだ。バリューがあり、しかも特徴がないと絶対に長続きしない。そんな激戦区だ。

そのコリドー街で、「リゴレット」のバリューを試したいと思った。成功すれば、同じパッケージ、同じ価格帯で地方都市に展開していくつもりだ。

地方の経営者の方にお会いすると、「東京はいい」とか「人気の商業施設に出店できて、うらやましい」などと言われるけれど、ちょっと違和感がある。

そういう人たちは、他所のいいところしか見ていない。「東京」や「新丸ビル」「コリドー街」といった〝のれん〟を手に入れさえすれば成功すると思うのは、考えが甘過ぎるんじゃないだろうか。

かく言う自分も、正直に言うと、吉祥寺の「リゴレット」では当初、大失敗をしでかした。オープン景気が過ぎた頃、売り上げがガクンと落ち込んだんだ。

パスタの種類が多過ぎて、同時同卓の提供ができない。ピザの提供に30分もかかる――。そんなオペレーションの乱れで、地元のお客様の期待を裏切ってしまったからだ。

今はもうだいぶ地元に根付いて、売り上げも好調だけど、飲食業の要は、いかに目の前のお客様に満足してもらうか。その一点に尽きる。

東京も地方も、その意味では変わらないんじゃないかな。

46 価格以上の価値を作るため、繁盛店は手を抜かない

サンフランシスコの超繁盛店「A16」を訪れた。

この店は100席ぐらいの大箱で、10ドル前後の小皿料理や窯焼きピザ、手打ちパスタ、30ドル台からのワインを提供し、客単価は50ドル弱（約4500円）と、まさに「リゴレット」そのままの店でね。

結論から言うと、ここのサービスは最高だった。

例えばフロント係。実は予約をしてくれた知人が日を間違えていて、僕が「到着が遅れる」と店に電話をしたら、「その名前の予約はない」と言われてしまった。

普通ならそのまま「残念ですが」で終わるよね。

でもフロントの女性は「ともかく来て」と言う。そこで店に行ったら、わざわざ予約帳を調べてくれていて、「翌日に似た名前で予約があるから、たぶんこれね。すぐに用意するから待ってて」と椅子とスパークリングワインを用意してくれた。そして15分後には、中庭の小テーブルに案内してくれた。

店内も感じが良くて、入り口のバーテンダーからピザ焼き場のスタッフまで、皆がアイコンタクトをしてきて店全体に歓迎されている感じがした。

そして、僕が一番すごいと思ったのが、ウエイターのニコだ。

彼は注文したいと思ったらすぐに目が合うし、このテーブルをどうオーガナイズすれば盛り上がるかをちゃんと分かっている最高のウエイターだった。

印象的だったのは、最初に、ある人はビール、ある人はボトルワインと、それぞれが別々のオーダーをしたときのことだ。

そういうときって、ワインがなかなか来なくて乾杯できないまま待っているうちにビールの泡がなくなったり、ぬるくなったりすることってよくあるでしょう?

でも、ニコは最初の乾杯がどれだけ大事かをちゃんと分かっていて、まずボトルワインを持ってきて、グラスに注ぎ終わると同時にビールが出てくるという神業を見せてくれた。

料理の注文のときも、「前菜はそんなにいらない」「これとそれは似ている」などと常にゲスト本位でアドバイスしてくれるし、1皿で見せたい料理はあえて2人前を1皿にして演出して見せたり、ピザを人数分に切ってくれたり……。客単価4000円強の店ではあり得ないサービスを見せてくれた。

どうしたらお客様が来てくれるかと悩んでいる店は多いだろうけど、「A16」

で垣間見えた繁盛店になるために大切なことは「どんなことにも手を抜かずに臨む」という姿勢だ。

価格以上の価値を「バリュー」と呼ぶなら、バリューは手を抜かないところから生まれ、そのバリューこそ、今、飲食店が見つめ直すべき点だと思った。そして、接客サービスは、バリューを創り出す上でこの上ない武器になると確信した。

47 「原価×3」の価格でお客様が納得するかはサービス次第

正月休みに、家族で近所のお好み焼き店に行ってからというもの、頭から離れない疑問がある。

「料理の適正価格って、何だろう?」。

なぜこの問いかというと、そのお好み焼き店でこんな出来事があったからだ。

僕らはお好み焼きの前に、何かおつまみを食べたいと思い、メニュー表を見て、キュウリの塩もみとトマトサラダを注文した。値段はそれぞれ300円と350円。

出てきた料理を見て驚いた。

キュウリは1本を3等分にして、塩でもんだだけ。トマトは中型の桃太郎を4等分して、ドレッシングをかけただけ。

「え? これで300円?」。

僕は目を疑ってしまった。だって、そこには何の工夫も見えないから。「とりあえず品揃えに入れとけ」という〝やっつけメニュー〟の典型だ。おそらく、仕入れ値がトマト1個100円強で、原価率30%として提供価格を決めたんだろう。

我々、飲食業にかかわる人間は、改めて自分に問いかけるべきだと思う。「提供価格=原価の3倍」という〝業界の常識〟に胡坐をかいていないか? と。

この思想に慣れきって努力を怠れば、お客様は必ず離れていく。

今どきのメーカーは血のにじむような努力をしている。一昔前なら500円は下らなかったビニール傘が、今では100円ショップで買えてしまう。メーカーの利益は数%あるかどうか。そんな時代に、サービス業だけが「原価×3」でやっていけるはずがない。お客様の目はどんどん厳しくなっているのだ。

何の工夫もないトマトを1個350円で出すくらいなら、最初からメニューに入れないほうがましだ。どうしても入れたいんなら、大皿に氷を敷いて、そこにトマトとキュウリを並べ、注文があってからカットして、価格は原価プラス50円。これなら潔い。

あるいは、サービスの力で「原価×3」をお客様に納得してもらうしかない。

これも近所の居酒屋の話。久しぶりに顔を出して、焼酎のロックを注文するなり、「カウンター1番さん！焼酎のロック、追い氷で！」って大将が言うんだ。

僕は氷をたっぷり入れたロックが好きで、いつも氷を追加注文してたのを覚えてくれていたんだろう。こういうの、何ともうれしいものなんだよね。

おそらく、焼酎ロックの原価率は10％程度だと思う。

分かっていながら、うれしくなった僕は、いつもより多く飲んでしまった。

これがサービスの力なんじゃないのかなあ。

48 タバコが吸えるから入る店、そんな存在にはならない

先日、東京駅で新幹線の時間を待っていたときのこと。ある出来事を目の当たりにし、僕はしばらく考え込んでしまった。「飲食店とタバコ」についてである。

事件は、新幹線口近くのラーメン店で起きた。

その店は最近の世相を反映させて、喫煙席と禁煙席を分けていた。禁煙席には余裕があったが、喫煙席はすぐに満席。後から来たお客様の中には、喫煙席がいっぱいと聞くと、入り口で〝回れ右〟をする人も多い。

それを見た店長らしき男性スタッフが、喫煙席と禁煙席を分けていたパー

ティションを移動させて、喫煙席を拡充した。そのときだ。

禁煙席で静かにラーメンをすすっていた女性客が、急に席を立った。まだ2〜3口しか食べていなかったのに、彼女はさっさとお金を払い、店を出た。原因は誰の目にも明らかだった。喫煙席を拡充したおかげで、彼女のほうまでタバコの白い煙が一気に押し寄せたからだ。

「私の〝吸わない権利〟はどうなるのよ！」。

彼女の無言の抵抗だった。

店長らしきスタッフにも、そのことは分かったはず。だが、彼はタバコのことには何も触れず、彼女を送り出した……。

さて、読者の皆さんなら、この場合、どう対応するだろうか？

分煙・禁煙問題は、我々レストラン経営者にとって、真剣に考えなければならないことだと思う。時代の流れは間違いなく分煙・禁煙の方向にある。だが、あまり厳しくすると、喫煙派のお客様を逃してしまうかもしれない。そういう気持ちも分かる。読者の皆さんの心も、きっと揺れていることだろう。

だが、僕はあえて言いたい。

「分煙・禁煙はお客様を逃すから、やりたくない」という考え方は間違っている、と。

僕らは飲食業なんだから、「タバコを我慢してでも行きたい店」と言われるようなサービスや料理を目指すべきじゃないですか、と。

レストランは公共の場。タバコを吸わない人の権利を守るためにも、最低でも「分煙」は僕らの社会的責任だと思う。

それに、今は「あの店なら気兼ねなくタバコが吸える」という理由で来店してくれても、今後、分煙・禁煙が広がったらどうなるか。

どの店でも自由にタバコを吸えなくなるとしたら、お客様は「どうせタバコを我慢するなら、料理が旨くて、サービスがいい店に行こう」となる。そのとき、「タバコが吸える」という理由だけで選ばれていた店の運命は……。

皆さんならお分かりですよね。

49 地方にはサービス向上の伸びしろがある

2007年夏、僕は毎週のように仙台出張を続けた。11月に「リゴレット」の仙台店をオープンするためだ。社員・アルバイトの募集面接をしたりしたのだが、飲食業を志す若いヒトたちに会えるのはうれしいね。久しぶりに現場の店長に戻った気分になった。

ところで、なぜ仙台に出したのかと言うと、僕自身が東北の出身で、今も両親が仙台に住んでおり、土地勘があることが一つの理由。

それともう一つ、1981年に上京して以来、僕が東京で学んだことを、地方の皆さんに伝えることができないか、と考えたからなんだ。

インターネットの普及もあって、東京と地方の情報格差は昔に比べれば小さくなったと思うけど、まだまだ接客サービスには差があるような気がする。

こう言うと偉そうに聞こえるかもしれないが、僕がいろいろな地方を訪れて感じるのは、本当に楽しそうに接客をしているスタッフが少ないことだ。

安くて旨くて、小さいけれどいつも常連客でいっぱい。そんな店は地方にも結構ある。

ところが、ある程度の席数があり、「組織」として経営している飲食店で、「ここは気持ちの良い接客をするなあ」と感心させられるケースは滅多にない。みんなマニュアルを守ることに汲々としていて、自分を表現できていない。そんな感じなんだ。

これって、本当の接客を教えてもらっていないからじゃないかな? 僕は、そんな現状をぶっ壊したい。

「接客って、もっと楽しいことなんだよ」。

「自分をもっと表現していいんだよ」。

そう言って、みんなの背中を押してあげたいんだ。

仙台のスタッフ募集でも、面接に来る若者のほとんどは、物事をはっきり言うのが苦手。自分の意見をなかなか言わない。思わず、「もっとシャキっとせんかい!」って言いたくなってしまう(笑)。

でも、じっくり話を聞くと、みんな良い奴なんだ。かめばかむほど味が出るスルメみたいな感じ。「自分」を強く主張しない態度って、東北人特有のもので、相手に対する気遣いでもあるんだけど、接客をする上ではもったいないよね。もっと自信をもっていこうよ。

僕自身、上京した頃は方言丸出しで、それがコンプレックスになって、なかなかお客様の懐に飛び込めなかった。でも、ちゃんと変われた。東京でも地方でも、一人ひとりが持っている能力そのものは、本質的に変わらない。そのことを、仙台で証明したい。

50 「きめ細かいサービスなら日本人が一番」と胡坐をかくな

北京オリンピック（２００８年）や上海万博（２０１０年）をはじめ、何かと話題が多い中国だけど、飲食店の接客レベルも急速に向上していることをご存知だろうか。僕は先日、そのことを、まざまざと見せつけられた。

上海の、とある西洋料理店でのことだ。実は、その店に行くのは今回で3回目。最初に行ったのは、２００４年頃だったろうか。

そのときは、特に印象に残らなかった。中国のほかの飲食店と同じように、接客レベルはお世辞にも高いとは言えなかった。

スタッフはおしゃべりに夢中で、大声で呼ばないとテーブルに来てくれない。来ても面倒くさそうに注文を取る。なにしろ、注文したシャンパンを常温で出してくるんだから。

2006年の12月頃、2回目に行ったとき、頑張っている若者が1人いた。彼は僕らときちんとアイコンタクトをし、しかも笑いかけてくれたんだ。中国の飲食店でそんな経験はなかったから、とても印象に残った。

そして2007年12月、ちょうど1年ぶりにその店を訪れた。正直に言って、驚くほどの進歩を遂げていた。参ったね。

最初は、別の若いスタッフが僕らの担当になった。そのスタッフも良かった。こちらの要望を一生懸命聞こうとしていたからね。

でも、ちょっと自分には荷が重いと思ったんだろう。「キャプテンを呼んできます」と言って、責任者を連れてきたんだ。そのキャプテンが、1年前の「彼」

だった。

さすがに僕のことを覚えてはいなかったようだけど、流暢な英語を操って、驚いたことに提案までしてくるんだ。

「西洋ワサビはないの?」。

「あいにく西洋ワサビがないので、こういう食べ方はいかがですか?」。

しかも、料理を出すときに、誰が何を注文したのかをしっかり覚えていて、正確にサーブしていた。もちろん、アイコンタクトと笑顔もばっちり。

そのとき、僕が感じたのは「脅威」だ。日本もうかうかしていられないな、って。

確かに、「彼」にもアラは多いし、中国の飲食店全体のサービスレベルはまだまだ低いと言わざるを得ないと思う。実際、別のレストランではひどい接客を受けたしね(笑)。

けれど、中国が本当に変わりだしたら、変化のスピードは相当早いんじゃないかな。

我々は、心のどこかで「きめ細かいサービスなら日本人が一番」なんて自信を持っているけど、そこに胡坐をかいていたら、あっという間に追いつかれ、追い越されるかもしれない。

ふんどしのひもを締め直さなきゃいけないな。

51 異業種の手本になっていることを意識しよう

「外食に学べ！」

今、こんなかけ声の下、飲食店の接客サービスを必死で学ぼうとしている会社があるのをご存知だろうか。サービスステーション（SS＝ガソリンスタンド）大手のA社だ。

実は、SS業界の危機感はものすごく強い。なにしろ、あと5年前後でSSの4割がなくなるという予測があるくらいなのだ。

車の燃費が良くなり、さらにハイブリッドカーも普及して、要はガソリンが今までのように売れなくなってきているのだ。
規制で守られていたのも今は昔。ＳＳ同士の価格競争はとめどもない。
では、どうするか？　Ａ社が選んだのが、接客サービスで勝つ戦略だ。
ガソリンが売れないなら、ほかの商品やサービスを売ろう。
激しい競争の中でも、お客様に選んでもらえる店になろう。
一度来てくれたお客様に、何度もリピートしてもらえるようになろう――。

それには、今までのＳＳとはひと味もふた味も違う接客サービスが必要だ。
Ａ社はそう判断したんだ。

考えてみると、ＳＳも外食もよく似ている。
例えば、給油に来た車に４人の家族が乗っていたとする。これはまさに、レストランに家族4人で来店したのと同じシチュエーションだ。

——川崎ナンバーの緑のゴルフワゴン。あ、○○さんだ。「いらっしゃいませ、○○さん。いつもありがとうございます！」。

——助手席の奥さんが、お嬢ちゃんを連れて車を降りようとしている。よし、さっとドアを開けて、「どうぞ！ 足元に気を付けてくださいね」。

これって、お客様を個人として認知し、深く知ること、つまりリコグニションであり、お客様が望むことを言われる前にしてさしあげるアンティシペイションそのものだ。

声が大きくて元気が良くて、動作がテキパキしていて……。そんなSSのスタッフなら結構いる。でも、お客様を個人として認識してくれるスタッフがどれだけいるだろうか？

A社は、そんなSSになりたいと真剣に取り組んでいる。現場のスタッフも、実際に飲食店を視察に回っているそうだ。

外食業界で、我々が日々、実践しようとしていることを、異業種も必死になって学ぼうとしているんだ。これって、なんだかうれしくない？

みんな、自信を持とうよ！　そして、もっともっと接客サービスに磨きをかけていこうじゃないか！

52 原材料を知ることで接客サービスの質も上がる

宮崎で伊勢海老漁に行ってきた。知人が「漁船に乗ってみないか？」と誘ってくれたからだ。レストランをやってる人間が、おいしい食材に興味がないわけがない。僕は二つ返事でOKしたわけだ。

漁船に乗って漁の現場を見るなんて初めての経験だ。正直に言って、感動した！

〝星一徹〟そっくりの漁師さんが、小さな船の舵を操作しながら、次から次へと揚がってくる海老やヒラメを網から外し、正確に箱の中に放り込む。しかも、大きく揺れる船の上で微動だにしない。「職人」の極致を感じたね。

僕はといえば、用意周到に飲んでおいた酔い止め薬も効果なく、ひどい嘔吐と闘いながら、最後には〝撃沈〟してしまったけれど、とても充実した旅だった。と同時に、大いに反省もさせられた。

会社を立ち上げてからというもの、出店続きの忙しさにかまけて、レストランの基本である食材に対する意識が低くなっていたことは否めない。

もちろん、料理長をはじめとするスタッフたちは良い食材を探し、吟味することを怠ってはいないけど、経営者自身がもっと食材に関心を持つべきだと思った。


食材を育て、獲る生産者の人たちの苦労を、われわれ外食業界の人間は実はあまり知らないのではないだろうか。僕自身、伊勢海老漁があれほど大変な作業だとは、実際に見るまでは想像もしなかった。

食材に込められた生産者たちの苦労や思いを知り、その価値をちゃんとお客様に伝えなければならない。それは、われわれ飲食業に携わる者の使命だ。今回の旅で、そのことをつくづく思い知った。

食材について知ることは、接客サービスにも良い影響を必ず与えてくれるはずだ。サービスマンは自分が知ったことを、お客様に話したいと思うに違いない。小さな野菜に詰まった生産者の思い。どれだけの労力と時間がそこにかけられたのか――。それを語ることによって、お客様も料理により一層の価値を感じてくれると思う。

ちなみに、その後、宮崎の伊勢海老はウチで仕入れることが決まり、メニューにお目見えした。頑張っている生産者を何とか応援してあげたいからね。

皆さんも、ときには産地を回ってみませんか?

特別付録

インタビュー

インタビュー　――新川義弘　激白5時間

街を愛するように愛される店を創る

グローバルダイニング時代に一世を風靡した新川。なぜ退社し、自ら店を手がけようと思ったのか。彼が目指すのはどんな店か。総計5時間にわたるインタビューですべてを語った。

――ヒュージを立ち上げたとき、どんな店を作りたかったのですか。

一言で言うと、街に愛される店、そこにしかなくて長く通ってもらえる店です。なぜ、そう思ったのか。根底には、グローバルダイニング時代の経験があります。

僕は創業期の頃、グローバルダイニングに入れてもらいました。アルバイトでスタートして下っ端でしたが、小さなチームでゼロから店を作るということに携わり、物凄い喜びと達成感を味わいました。

それから何度も店を立ち上げ、会社はどんどん大きくなった。個人経営者だった長谷川耕造さんが、企業経営者に変貌を遂げていくとき、常にそばにいて、銀行から融資を受ける様やＩＰＯ（新規株式公開）の進め方などを、目の当たりにしてきたんです。25歳で役員になりました。社会人としてのすべてをグローバルで学んだと言っても過言ではないんです。

当時の店作りはとてもやりがいがありました。長谷川さんが全体像を描いて、僕が具体的に落とし込んでいく。両輪のようで、とてもいい流れができていました。

――当時は、一世を風靡するような店がたくさんできましたね。

ところが会社が上場した頃から「俺がやりたいのは、これじゃない」と疑問に思い始めました。特に2002年の道路交通法改正あたりから、会社が業績拡大を第一に考え始め、チェーン展開を重視するようになってきた。僕が面白い店を提案しても「それって100店舗できるのか」と長谷川さんに言われるようになりました。同一業態で100店展開することが店舗開発の前提になったんです。「それじゃ、面白い物ができない」と長谷川さんに言いましたが、受け入れてもらえませんでした。

こんなことがあったんです。東京の青山に「ラ・ボエム」を出店することになりました。開店直前に、店の前でデザイナーと話をしていたら、まさに店のターゲットにしたい美しい女性が２人、前を通り過ぎました。そのときに店を見て「わー、かわいい」と言った。やったぜ、と思ったら、「何だ、ボエムじゃん。またボエムなの」と。頭をガーンと殴られたような気がしました。

――まるでファミリーレストラン（ＦＲ）のような扱いだったのですね。

そうです。ＦＲはいいけれど、僕がやりたいのはそういう店ではない。会社は大きくなっても１つのブランドをじゅうたん爆撃のように端から展開するようなやり方は、会社にも自分にもなじまないと思った。そこで、長谷川さんと何度もやり取りしたのですが、理解してもらえず、結局、袂を分かつことになった。

――それでヒュージでは「リゴレット」の上限を10店舗と決め、後は別の業態

で展開するんですね。

そうすれば、店に通ってくれる人のプライドを保てるし、街を愛するように店を愛してもらえます。

――グローバル時代の新川さんは、店で強烈な個性を発揮してファンを作っていた。それなのに、ヒュージでは「特定の人しかできないサービスはするな」という。店全体のレベルを上げるという考え方は分かりますが、能力のある人の個性の芽を摘み取ってしまいませんか。

いや、僕はある程度のルールは設けるけれど、個性を奪うようなことはしないんです。

例えば「1分ルール」がそう。1分間以上、一つのテーブルで接客しないように決めているのですが、これは個性という名の弊害を防ぐための方策なんです。

従業員が常連客と知り合いになって、話し込むケースは飲食店でしばしば見られます。仲が良さそうだし、料理やお酒の注文も取ってくるので、とてもいいことのように見えるのですが、果たしてそうでしょうか。一つのテーブルに長居するということは、ほかのテーブルのお客様が放置されるということです。そんな店が末永く愛されるわけがない。誰にでも平等に、気持ちのいいサービスを提供する。これが理想です。

だから1分間は思う存分、話してもいい。でも1分経ったら切り上げて、ほかのお客様に気を配る。このほうが、ずっとレベルの高い店の接客だと思います。

——スターだった人がスターはいらないと言うのは面白いですね。

経験から言うのですが。スーパースターがいると、かえって店はダメになるんです。僕はグローバル時代に確かに多くのお客様に喜ばれる接客はしたかもしれないけれど、僕がいないときにほかの人間が同じようなサービスをできなくて、クレームになったことが多々ありました。

いつ誰がいなくなっても、同じサービスを提供できる店。これが長い間愛される飲食店になるはずです。

――実家も飲食店を経営されています。子供の頃、影響を受けましたか。

僕ね、小学校の卒業文集に「レストランの人になりたい」と書いているんです。精一杯の背伸びだった。うちは飲食店だけど、レストランじゃなくて食堂だった。ラーメンとかニラレバ定食とか出していたから、いつも油臭くて。今考えるといい店なんですよ。でも「義弘の家は食堂」で、子供心にはかっこよくないと映ってしまった。それで、かっこいいレストランに憧れたんです。そして、いつか成功して皆に認められたいと思っていました。

――その飲食業界で、認めてくれたのが長谷川さんだった。

創業期からずっと一緒にやってきて、副社長まで引き上げてくれたのだから、随分かわいがってもらいました。ずっとそばで見ていたから、長谷川さんの凄さも知っています。

でも、会社の成長が踊り場に来たとき、「新川は社長をやれるのか」と考えたことが彼にはあったと思う。今まで任せてくれていた業態開発を急に、それも皆の前で「俺がやるから」と言われたときは本当にショックでした。信頼していただけに、2日間、口もきけませんでした。

そして長谷川さんが「新川じゃダメだ」と思ったと同時に僕の心も離れてしまった。

――当時の2人を知る人は「夫婦のようだった」「恋人だった」「兄弟だった」と口々に言います。

もう、ちょっとね。おかしいんですよ。あ、うんでお互いが何をしたいのか分かりましたから。

――長谷川さんも新川さんを信頼していました。新川さんが若い頃、上司と折り合いが悪くグローバルを辞めたとき、働いていた店に来て「新ちゃん、迎えにきたよ」と言ったとか。

そんなことされれば、コロッと行っちゃう。戻りますよね。

――新川さんは同じセリフで、ある店長をヒュージに入れました。

何で知っているの？ そう、同じことを言いました。「ここ、お前に合うとは思えない。一応、迎えにきたんだけど」って。

――長谷川さんよりいいもの作ろう、超えるぞといった気持ちはありますか。

あるに決まってます。尊敬している人を抜きたいというのは自然なことでしょう。これまで、私は元グローバルとかブッシュと小泉の、と言われ続けてきました。一度、長谷川さんの下を出たからには、絶対に長谷川さんに認められる、そして追い越せる会社や店にしなければならないでしょう。僕の企業家としてのエネルギーの90％が、そこにあるかもしれません。今はだいぶ視野が広がってきましたけれどね。

――今後の目標は。

今は、あまり具体的に言わないようにしているんです。言った途端に達成したような気になりますから。

でも、先々には一つあります。ホテルをやってみたいんです。これまで接客にずっとかかわってきましたから、究極のホスピタリティを提供するホテル。これはぜひ手がけたい。もう5年くらい構想を練っています。楽しみにしていてください。

（聞き手は日経レストラン編集部）

おわりに

本書で紹介した52のセオリーは、言ってみれば、僕の日々の〝ぼやき〟の集大成だ。僕自身が、日常の生活や毎日の仕事を通じて感じたことから、すべて成り立っている。

そのこと自体が証明している通り、自分たちがやっているサービスを見直すには、普段の生活からどれだけのものを吸収しようとするか、それにどれだけ貪欲になれるか、ということが不可欠だ。

つまり、いろいろなことに興味を持ち、普段何気なく流れている生活の中で、これは感動するとか、これは納得できないとか、疑問を持ったり、感動したり、時には怒ったりする。そして、良いものは素直に褒め、真似し、あるいは人に伝え、良くないことは反面教師にして自分の襟を正したり、周りにもそれをやってはいけないと伝えたりする、それを積み重ねることで、サービスに対する自分や自分の店ならではのセオリーが出来上がっていくのだと思う。

今日も、恵比寿から会社のある中目黒までタクシーに乗ったとき、こんなことがあった。運転手さんに「あの通りを突っ切ってまっすぐにお願いします」と伝えたのに、運転手さんは何を勘違いしたかその手前で右折してしまったんだ。携帯電話で話をしていた僕はすぐに気付き、軌道修正しようとして、「運転手さん、違うよ。まっすぐ、まっすぐ」と言ったけれど、時すでに遅し。結局、遠回りしてしまい、普段は710円で行くところが890円掛かってしまった。

僕は「こんなことを言うのもどうかなあ」と思いつつ勇気を出して、「運転手さん、ここまでありがとう。でもこの金額、僕のせいじゃないよね。いつも710円だから710円にしてくれる？」と言った。すると運転手さんは、「おっしゃる通りです。７１０円で結構です」。素直に非を認めた、その態度に、僕は勇気を出してよかったと思ったし、「いい運転手さんだなあ」とすがすがしい気持ちにさえなった。

そんなちょっとしたやり取りから僕が学んだこと。それは、言いにくいことでも相手に対する感謝を示した上で一歩踏み出せば、相手は認めてくれるということだ。こんな風に、何気ない生活の中にも、自分を、そして組織を見直すネタはいっぱいあるんじゃないかな。

難しいことはない。ただちょっと勇気を出し、意識を変えて、日々の生活からいろんなことを感じることが、「愛される接客」への一番の近道だと思う。

二〇一〇年四月　新川義弘

著者略歴

新川義弘（しんかわ よしひろ）

HUGE代表取締役社長

1963年生まれ。1982年福島商業高校卒業後、新宿東京会館（現・ダイナック）入社。1984年長谷川実業（現・グローバルダイニング）入社、1988年同社取締役に就任。『グローバルのサービスの確立者』とも言われ、ナンバー2として1999年東証2部上場など、同社が日本の外食の代表企業へと躍進するステップに大きく貢献する。2002年同社取締役最高執行責任者に就任、同年の日米首脳会議の際、米国ブッシュ大統領と小泉首相を接客したことで、「サービスの神様」と称される。日米首脳が会食した「権八」のほか「モンスーンカフェ」など多くの店舗運営を統括し、代官山の「タブローズ」でのレストラン経営時には、海外の著名人が多数訪れるほどの手腕を見せた。同時にスタッフ教育に力を入れ、独立して成功した社員は多い。
2005年同社を退職し、株式会社HUGEを設立。2006年4月、銀座にファインダイニングレストラン「DAZZLE」（ダズル）を、同月に吉祥寺にスパニッシュイタリアンのカジュアルレストラン「café Rigoletto」（カフェ リゴレット）を出店後、現在に至るまでリゴレットブランドとしては仙台を含め8店舗の運営に至る。2009年8月に和食店舗「新」（アラタ）を六本木ヒルズに出店。2010年10月には、日本橋に「“D” brasserie & sweetroom」（“ディ”ブラッセリー アンド スウィートルーム）、2011年9月には恵比寿ガーデンプレイスに「GRANO DELICATESSEN BAR」（グラーノ デリカテッセン バル）をオープンさせた。

愛される接客

サービスの質を向上させる52のセオリー

発行日	2010年4月26日　1版1刷発行
	2011年10月21日　第4刷発行
著者	新川 義弘
編者	日経レストラン編集部
発行者	廣松 隆志
発行	日経BP社
発売	日経BPマーケティング
	〒108-8646 東京都港区白金 1-17-3
	☎03-6811-8200
デザイン	SONICBANG CO.,
写真	菅野 勝男（帯表）
印刷・製本	図書印刷

ISBN 978-4-8222-3339-6

本書は『日経レストラン』の2005年11月号から2010年3月号まで連載した「愛される接客」および2009年7月号特集「HUGE 新川義弘の『接客革命』」を加筆修正したものです。
